U0164974

现代传播丛书编委会

主　　　任　黄慕雄

副　主　任　郭光华　张学波

编委会成员　（按姓氏笔画排序）

马持节　麦莉娟　严前海

吴天生　张学波　胡　莹

郭光华　黄慕雄　鲍昌宝

现代传播丛书

广播电视概论

Introduction to Broadcasting

黄慕雄　黄碧云　编著

暨南大学出版社
JINAN UNIVERSITY PRESS

中国·广州

图书在版编目（CIP）数据

广播电视概论/黄慕雄，黄碧云编著．—广州：暨南大学出版社，2012.9
（现代传播丛书）
ISBN 978 - 7 - 5668 - 0340 - 5

Ⅰ.①广…　Ⅱ.①黄…②黄…　Ⅲ.①广播电视—概论　Ⅳ.①G220

中国版本图书馆 CIP 数据核字（2012）第 208437 号

广播电视概论

编 著 者　黄慕雄　黄碧云

出 版 人　徐义雄
策划编辑　杜小陆　史学英
责任编辑　史学英　黄　婷
责任校对　黄　斯
出版发行　暨南大学出版社（广州暨南大学　邮编：510630）
网　　址　http：//www.jnupress.com　http：//press.jnu.edu.cn
电　　话　总编室（8620）85221601
　　　　　营销部（8620）85225284　85228291　85228292（邮购）
排　　版　广州市铧建商务服务有限公司
印　　刷　广东省农垦总局印刷厂
开　　本　787mm×960mm　1/16
印　　张　10
字　　数　180 千
版　　次　2012 年 9 月第 1 版
印　　次　2012 年 9 月第 1 次
印　　数　1—3000 册
定　　价　23.00 元

总　序

1982 年 4 月，美国传播学奠基人威尔伯·施拉姆教授（Wilbur Schramm，又译宣伟伯）首次踏上中国土地访问的第一站是华南师范大学。施拉姆教授在华南师范大学举办了为期七天的讲习班，把传播学和教育传播理论带入了中国。之后，他一路北上，5 月驻足中国社会科学院新闻研究所，作了传播学专题演讲，并与有关专家学者进行了深入研讨，由此开启了传播学在中国的发展。

华南师范大学于 1983 年创办了新中国第一个教育技术学（电化教育）本科专业，由此开始了对教育传播学、教育电视、影视传播学人才的培养。1998 年，教育技术学专业获批博士学位授予权，2002 年获批国家级重点学科，2007 年获批教育部第一批高等院校特色专业，拥有从学士、硕士、博士到博士后的完整人才培养体系，并培养了一大批优秀毕业生。许多学生毕业后成为省市广播电台、电视台的频道监制，高校"电视节目编制"课程教师，高校电教中心与电教馆的电视编导与制作人员，他们是各单位、各部门电视节目编制和教育资源开发的业务骨干。

在此基础上，华南师范大学于 2002 年创办了传播学专业，属我国第一批传播学本科专业，2005 年获批硕士学位授予权，2010 年获批广东省特色专业；2003 年创办了广东省第一个摄影专业，并建有华南影像信息技术培训中心；2009 年设立新闻学专业。

经多年的教学、科研实践，华南师范大学教育信息技术学院目前已创建信息传播国家级实验教学示范中心、广东省人文社会科学重点研究基地——信息传播与文化创意产业研究中心、广州市人文社会科学重点研究基地——新媒体与文化创意产业研究中心等。在课程与教学团队建设上，"教育电视节目编导与制作"被评为国家级精品课程，"教育电视节目编导与制作"团队被评为国家级教学团队，"教育传播学"被评为广东省精品课程，"广播电视节目制作"被列为广东省精品资源共享课程等。

基于这些平台，我们一直开展对新型人才培养的实践和研究。本丛书的出版是编撰者在多年的教学实践中，紧跟信息时代媒体技术、传播理论的发展脉搏总结而成。一直以来，传播学的发展建立在技术的革新和应用的基础上，进入信息时代以后，在新传播技术的推动下，网络电视、数字电视、手机电视、移动电视、楼宇电视、手机报纸、新闻网站、网络电台等数字化新媒体不断成熟，日益凸显其在信息传播中的重要作用。

随着新媒体时代的到来，由于新媒体的交互性、数字化、用户中心化等特性，信息传播的社会影响力越来越大，信息传播产业化道路的不断开掘和发展，对一专多能、富有创新性的新闻传播人才的需求日益增大，另外，随着大新闻大传播概念的提出，跨国公司、国内企事业单位对信息传播人才的需求也逐步增大。近年来，很多高校顺应信息传播行业发展的需求，开设了传播学、新闻学、广播电视编导等专业，培养专门的新闻传播学人才。

这些高校与我们一样，在教学、科研的实践中，都曾经出版了相关的系列教材，但为了适应新闻传播理论的更新、传媒技术的变革及新闻传播业务的演变，我们认为有必要联合起来，重新梳理新闻传播学各门课程的知识点，编写更加适应时代需要的教材，以提高新闻传播学人才培养的质量。

一直以来，我们与兄弟院校，特别是广东省的兄弟院校有着密切的联系，多次共同商讨新闻传播学专业建设、教学改革、人才培养及科学研究等。本次出版"现代传播丛书"，我们联合了多家兄弟院校一起编写，大家相互交流、各尽所长、互通有无。以求将大家多年来在教学和科研上的经验融入本丛书当中，呈现给读者优质的教学资源。

"现代传播丛书"首次付梓的有《广播电视概论》、《电视节目编导》及《电视节目制作》三本，这些是与广播电视相关的教材，与传播学相关的其他内容会相继出版。

《广播电视概论》主要内容包括广播电视的发展历程、广播电视传播、广播电视节目策划与制作、广播电视节目系统、广播电视制度与运营等。

《电视节目编导》主要内容涵盖选题策划、分镜头稿本创作、场面调度、影视艺术蒙太奇、新闻类与纪实类电视节目编导等。

《电视节目制作》主要内容包括电视节目制作过程中的电视用光、电视摄像、后期编辑与合成等。

本丛书力争体现以下特点：①理论与实践相结合，在阐述理论或原理的同时，也注重培养学生运用知识的能力。②设定明确的学习任务，带着问题开展学习。③强调对新理论、新技术的研究和实践。

本丛书适合作为大专院校传播学、广播电视编导及教育技术学等专业的相关课程的教材，也可以作为广大新闻传播、广播电视及教育技术等从业者、爱好者的实践参考资料。

黄慕雄
2012 年 8 月

目　　录

第一章　广播电视的历史

广播电视的发明和运用是 20 世纪人类最伟大的科技成就之一，对人类社会的发展产生了极大的影响。按照《辞海》的解释，"通过无线电波或通过导线向广大地区播送音响、图像的节目，统称广播。按传输方式，可分为无线广播和有线广播两大类。只播送声音的，称为声音广播，亦简称为广播；播送图像和声音的，称为电视广播，亦简称为电视"。人们通常所说的广播仅指"声音广播"，通常称"电视广播"为"电视"。广播电视作为电子传播媒介，其从产生到发展的每一个阶段无不依赖于科技的发明和革新。

第一节　广播的诞生和发展

一、电磁学原理和无线通讯技术

（一）电磁学原理的确立

广播的诞生和发展是与无线电波的发现和运用联系在一起的。它凝聚了一代又一代科学家坚韧不拔的努力，最终使实验室的构想走向实际应用。

无线电的发现缘于一次意外事故。1819 年，丹麦基尔大学的汉斯·克里斯蒂·奥斯特博士在做一项试验时，不小心将连接电池的导线落到了磁盘上，磁盘上原本静静的指针突然剧烈地摆动起来。这一现象引起了奥斯特的注意，他接连试验多次，意外地发现了电与磁的"缘分"。正是这一意外发现，孕育了一门划时代的新学科——电磁学。1820 年，奥斯特出版了以拉丁文写成的回忆录，此书被赠给全世界的科学组织和科学家们，他的论文被所有文明国家翻译和转载，引起了非常热烈的反应。人们立即开始了许多

奥斯特
（1777—1851 年）

研究，去印证和进一步发掘电磁学的基本知识。

1831 年，英国科学家法拉第，在奥斯特实验的启发下，经过十多年长期不懈的研究，发现了电磁感应现象——变化的磁场在闭合导体里能够产生电流，电流可以产生磁场，由此确定了电磁感应定律。

法拉第（1791—1867 年）

1864 年，英国理论物理学家詹姆士·克拉克·马克斯威尔发现了电磁学基本原理。1873 年，马克斯威尔发表了《电磁论》，提出了电磁波存在的构想，在理论上确立了电磁学。他还用数学论证，写出了四个方程式，这四个方程式的解表示电波向外传播的速度和光速一样，都是每秒钟约 30 万公里，相当于绕地球 7 圈半，因而相距遥远的两地可以建立起瞬间可达的通讯网络。

（二）无线通讯技术的发展和运用

进一步以实验证明马克斯威尔理论的是同时期的德国科学家海尼·鲁道夫·赫兹。1884 年，赫兹在德国的几所大学中，依照马克斯威尔的理论，利用静电的火花放电实验论证了电磁波的存在，并且

马克斯威尔

（1831—1879 年）

发现了产生、发射与接收无线电波的方法，发明了测量光波以及电磁波波长的科学方法。1888 年，赫兹将其研究报告发表出版，名为《电磁波及其反应》。这是有关电磁波特性分析的最早著作。为了纪念赫兹在实际上发明了无线电波，人们将无线电波称为赫兹波。1965 年，国际无线电协会通过了以"赫兹"为无线电波波长计算单位的名称，以纪念赫兹的伟大发明。

赫兹的实验对整个科学界产生了极大的影响。电磁波理论将为人类社会带来什么变革，当时还无法估计。可是，仅仅过了 7 年，电磁波的理论便产生了第一个成果：1895 年，意大利发明家卡格列谟·马可尼和俄国水雷军官学校教员亚历山大·

斯捷潘诺维奇·波波夫同时发明了无线电报，使用无线电传递信息。

赫兹（1857—1894 年）

在无线电技术应用方面最重要的发明家和推广者是马可尼，他被誉为"无线电之父"。他倾注全部精力从事无线电通讯的实验。1895 年，马可尼在父亲的庄园与距庄园 1.7 千米处的山丘之间，成功地实现了无线电报通讯。1896 年，马可尼在英国取得了无线电报的专利权。1897 年，马可尼成立无线电报通讯公司，在英国相距 34 公里的两个城市之间成功地进行了电波信号的发射与接收的实验。1899 年，马可尼又成功地把一份无线电报从英国发到了法国。1901 年，他第一次实现了横跨大西洋的远距离通讯。此后，无线电通讯技术得到了迅速发展。

马可尼（1874—1937 年）

二、无线电传声实验与收音机的发明

（一）无线电传声实验

自从无线电通讯问世以来，引发了一大批科学家和业余无线电爱好者的浓厚兴趣。他们以极大的热情着手于研究无线电传递声音的实验。

雷金纳德·奥布里·费森登，美国物理学家，他首先利用无线电成功地进行了空中传声实验。1890—1891 年，费森登在西屋电气公司任首席电气技师。1892 年以后，费森登开始研究无线电通信问题，他希望通过实验运用无线电波传送声音。1902 年，费森登成功实现无线电通话。他突破了马可尼火花塞式发射机只能发射断续电波的技术，利用新研制的一种高频无线电发射机，通过声音信号对高频无线电连续波的振幅进行调制（调幅），然后将携带声音信号的调幅波发射出去，在收信端进行解调。他还发明了外差式线路，使广播出来的声音传真度大为提高。费森登的发明对于通过无线电波传送人的声音是个极大的突破。1906 年 12 月 25 日，费森登在马萨诸塞州的布兰特罗克镇的国家电器公司 128 米高的无线电塔上进行了一次实验性广播，将人的语言、歌唱及提琴奏乐等声音传播出去。

费森登（1866—1932 年）

同一时期，美国科学家德福雷斯特发明了真空三极管，对广播的发展作出了重大贡献。1906 年，德福雷斯特发明了能产生电波、使微弱的电波信号得到放大并能实现远距离传播的真空三极管，从而开创了电子科学的新应用领域。1907 年，德福雷斯特向美国专利局申报了真空三极管的发明专利，三极管的发明使声音的传送质量得到了新的提升。1908 年，德福雷斯特在高达 320 米的埃菲尔铁塔上做了传音实验。此后，他开始定期广播。1916 年，德福雷斯特利用实验广播播送了当时总统选举的得票数，被称为美国也是世界上第一次新闻广播。

德福雷斯特（1873—1961 年）

（二）收音机的发明和发展

1. 矿石收音机的发明和运用

费森登的无线电广播通信实验，在当时只有附近的无线电台能够接收，然而普通公众是不可能都拥有无线电台的。因此，要真正实现无线电广播的普及，就要有一种普通公众都能拥有的、专门用于收听声音信号的无线电接收机，这时收音机便应运而生。收音机就是把从天线接收到的高频信号经检波（解调）还原成音频信号，送到耳机或喇叭变成音波的无线电接收机。

1910 年，美国科学家邓伍迪和皮尔卡德发明了矿石收音机，这是最早的收音机雏形。矿石收音机是指用天线、地线以及基本调谐回路和矿石做检波器而组成的没有放大电路的无源收音机，它是最简单的无线电接收装置，主要用于中波无线电广播的接收。由于最初是用矿石来做检波器，故由此而得名。[1] 矿石收音机无须用电源，在停电或没有电池时仍可听到广播，并且可以用来测试天线或地线的效率。这样的机器，在配有良好的天地线时可以接收当地或稍远一点的电台讯号，但是分隔电台的能力（选择性）很不好，经常会出现"夹音"，也就是两个或者多个电台在

_____

① 百度百科——矿石收音机. http://baike.baidu.com/view/442099.htm.

一起响。①

2．电子管收音机的发明和运用

从矿石收音机发展到电子管收音机（真空管收音机），此时收音机的质量已经有了一定的提高。但这种收音机普遍使用五六个电子管，输出功率比较低，只有 1 瓦左右，然而耗电却要四五十瓦。此外，电子管收音机功能有限，打开电源开关，要等 1 分多钟才会慢慢地播送节目，不便于使用。

3．晶体管收音机的发明和运用

1947 年 12 月，美国贝尔实验室的肖克莱、巴丁和布拉顿组成的研究小组，研制出一种点接触型的锗晶体管。晶体管的问世，是 20 世纪的一项重大发明，是微电子革命的先声。晶体管出现后，人们就能用一个小巧的、消耗功率低的电子器件，来代替体积大、功率消耗高的电子管了。晶体管的发明又为后来集成电路的降生吹响了号角。晶体管代替电子管，收音机发展到半导体阶段，广播才真正得到普及。

4．从调幅广播到调频广播

由于无线电频道是一种有限的自然资源，所以同样或相近的频率发出的电磁波信号会相互干扰，而无线电波中的中波和短波在技术上最容易实现，载送它们的方式便是比较简单的调幅方式。直到第二次世界大战前，各国广播电台使用的都是调幅广播。调幅包括中波和短波两种形式。中波调幅广播具有技术简单、传播信号稳定、接收效果良好的特点，更重要的是使用中波调幅，传送范围能覆盖半径为 100 多千米的地区。相比于中波调幅，短波调幅广播消耗功率小，传播距离远，最远能覆盖几千千米外，许多国家都把它作为对边远地区广播覆盖、远距离节目传送和对国外广播的重要手段。

由于科技进步，天空中有了很多不同频率的无线电波。如果把这么多电波全都接收下来，音频信号就会像处于闹市之中一样，许多声音混杂在一起，结果什么也听不清了。为了设法选择所需要的节目，美国科学家阿姆斯特朗于 1923 年开始研

---

① 百度百科——矿石收音机. http://baike.baidu.com/view/442099.htm.

究调频广播，并于 1934 年 6 月获得成功。调频广播是一种以无线发射的方式来传输广播的设备，具有无需立杆架线、覆盖范围广、无限扩容、安装维护方便、投资省、音质优美清晰的特点。彻底解决了传统有线广播布线困难、安装复杂、扩容性差、损坏墙面及校园环境等问题。对于目前规模大、地域广的学校来说，调频广播具有传统的有线广播无法比拟的优越性。1941 年，美国创办了新的广播形态——米波调频。第二次世界大战后，欧洲国家也开始发展调频广播。此后，欧美发达国家逐渐把调频广播作为对国内广播的主要收听覆盖手段。到 20 世纪 80 年代，调频广播已成为世界各国普遍采用的广播方式。目前我国的调频广播发展迅速，已经取代了原来的有线广播，虽然电视技术发展很快，但是它终究取代不了广播，因为广播具有灵活性、收听设备小、投资少而又见效快的优势。

三、广播业的出现和发展

由大工业和信息技术发展带来的电子技术的发明，为广播业的诞生和发展提供了重要的物质条件，除了自然科学的发展和无线电爱好者的推动之外，早期从事通讯业务的大公司和电器制造商诸如美国无线电公司等，都在无线电广播事业乃至广播电台的成立和发展中发挥了巨大的作用。

（一）广播业的起步时期

美国第一座广播电台是由美国西屋电器公司的工程师弗兰克·康拉德创办，他当时是一个业余的无线电爱好者。弗兰克·康拉德早期出于对无线电的兴趣在匹兹堡附近设立了一座呼号为 8XK 的电台，并开始播出一些简单的声音内容。其电台逐渐受到其他无线电爱好者和听众的关注与欢迎，同时也带动了当时矿石收音机的热销。西屋电器公司的总经理戴维斯注意到了其中隐含的巨大商机，找来康拉德新建了一座广播电台，并且该电台于 1920 年 10 月 27 日获得美国商务部颁发的正式营业执照。1920 年 11 月 2 日，由美国匹兹堡西屋电器公司开办的商业广播电台在这一天正式开播，呼号为 KDKA，它是世界上第一家正式进行商业经营的广播电台，也被公认为世界上第一家正式的广播电台，它的成立与开播标志着美国广播业的诞生，也代表着世界广播业的开端。之后，美国的私办商业电台纷纷成立，同时无线电公司也开始大规模地制造和销售收音机并大受欢迎。到 20 世纪 20 年代末，收音机开始进入大部分美国家庭，无线电广播也不断为人所熟知，并普及开来。

美国商业广播电台的成功掀起世界其他各国开办广播电台的热潮。1922 年 10 月 8 日，马可尼公司等 6 家无线电器材公司为了促销收音机，合资创办了英国第一家广播电台英国广播公司。1927 年，私营的英国广播公司被英国政府改组为公营性质的广播公司，也就是现在我们所熟知的 BBC。而在更早的 1921 年 6 月 21 日，法国第一座广播电台由一家广播设备制造公司（CSF）建立，继而法国国家广播电台也在 1922 年 6 月宣布成立并通过巴黎埃菲尔铁塔进行传播。

1922 年夏天，当时世界上功率最强的广播电台在苏联的莫斯科成立，并在 11 月 7 日正式开始播音，苏联广播事业的创建和发展得到了列宁的重视，并由其领导的布尔什维克党和苏维埃政府直接推动促成。在紧接着的 1923 年和 1924 年，出于各方面的考虑，德国、加拿大、中国、印度和澳大利亚等国纷纷成立无线电广播电台。1925 年，日本私营性质的东京广播电台开始进行试播，随后又合并了大阪、名古屋等地的其他电台成立了日本广播协会 NHK。

进入 20 世纪 30 年代，无线电广播以及无线电广播业在全球范围内不断发展壮大并给世界各地人民的生活带来了前所未有的改变，产生了巨大的影响。而社会发展的需要，政治和经济的需要也直接推动了广播及广播业的诞生与发展。

（二）广播业的黄金时期

20 世纪 30 年代，全球广播业进入成熟和兴盛的阶段，晶体管技术在收音机中的运用将广播的进一步普及和广播业的进一步发展带进了新的纪元。广播网的规模、广播节目制作的多元化、广播业所带来的经济效益和社会效益都呈现出一片繁荣景象。

首先，广播电台在数量上有了明显的变化。据不完全统计，到 20 世纪 50 年代末，美国广播电台数量就从 20 年代的 500 多座发展到 3 380 座。而在 1959 年的英国，BBC 对内广播已有 78 座电台，覆盖全英 99% 的人口。同期，日本全国收音机数量超过 1 000 万台，法国的广播也覆盖了全国 98% 的人口。而在 70 年代初，苏联的广播电台发展到 430 座，收音机数量也达到了 4 300 万台。其次，随着广播电台和收音机数量的激增，广播网开始出现并且规模不断扩大。从 1926 年至 1943 年，美国无线电公司、通用电气公司、西屋公司和其他独立广播商相继以合资或其他形式建成全国广播公司 NBC、哥伦比亚广播公司 CBS、美国广播公司 ABC 三大广播公司，并逐渐在美国广播业形成三大广播网三分天下的局面。广播网的出现实现了资源共享，节约了成本，同时也形成了激烈的市场竞争，进一步推动了美国广播业的发展。

早期的广播电台，提供娱乐是其主要功能，节目多以音乐节目为主，新闻所占比例甚少。在提供娱乐的过程中，广播和报纸一直保持着合作与共享的关系，报纸会刊登广播节目表，宣传广播电台和电台明星，而广播中的新闻节目内容则多来自于报纸，并会为提供新闻来源的报纸做免费的广告和宣传。"美国报纸发行人协会电台委员会于 1927 年发表的报告显示，48 家报纸拥有自己的电台，69 家报纸在别的电台出钱主办节目，97 家报纸提供无线电新闻节目。一半以上的高级电台同报纸建有联系。"[①]然而，广播电台数量和广告收入的增加给报业带来了威胁，报纸逐渐打破与广播电台合作共享的关系。因此广播不得不建立自己的新闻采编队伍和发展自身独立的新闻采编能力，因而美国哥伦比亚广播公司和全国广播公司纷纷成立自己的新闻社，并不断扩充自己的新闻采编、新闻评论员队伍等，广播新闻逐渐成为广播节目中的独立力量。无论是 1938 年的慕尼黑危机还是第二次世界大战的爆发，广播都出现在了新闻的最前线，以最快的速度和现场报道的方式为听众带来了全新的新闻刺激感。其中，CBS 的广播节目《这里是伦敦》的主持人爱德华·默罗，其战事报道以富有感染力的方式将现场的所见所闻描述给广大的美国听众，堪称广播界新闻现场报道的典范。CBS 也开创了新闻广播评论的形式，并在公众中树立了"新闻评论员"的权威形象。广播新闻节目形式的出现和新闻节目数量的增加使广播报道新闻、监督舆论的功能不断走向成熟。

正因为广播作用的日益突出和多元化，使得广播业的经济实力和媒介地位不断提升。在 1929 年经济危机中，美国进入大萧条时期，百业待兴，广播却成了最为吃香的行业，成为人们精神空虚和生活彷徨时最好的调剂品，收听广播几乎是 20

---

① 吴玉玲. 广播电视概论. 北京：中国传媒大学出版社，2007.10.

世纪30年代美国人日常生活的基本组成部分，同时也推动了广播广告收入的迅猛增加，形成强大的经济基础和发展动力。而广播世界新闻报道功能的拓展，以及在政治领域的运用和备受重视都使其社会地位日益提高。另外需要特别指出的是广播功能的另一个拓展方面：对外广播。早期出现的对外广播，大部分是以联系本国和海外侨民为主要目标，为本国在海外领地的民众如军人和商人服务。1927年，荷兰为维护其殖民统治，开始进行对外广播并成为世界上最早开办对外广播的国家。随后，各国迅速认识到独具优势的广播电台可以通过对外广播宣传本国政治和外交政策，树立国际形象，进行国际公关。到1939年第二次世界大战前，包括德国、苏联、法国、英国和日本在内的12个国家相继开办了对外广播。这一趋势标志着广播由商业服务向政治服务的转型和进一步延伸，这一功能在第二次世界大战的爆发和推进过程中发挥得淋漓尽致。1941年德国以88个短波电台对欧洲进行广播，进行纳粹主义的宣传。而著名的电台主持人"东京玫瑰"也成为日本广播电台战时军部的得力助手。BBC以六种语言对欧洲广播，美国建立了美国之声VOA广播电台、美军电台和伦敦美国广播电台等对外广播，各国在空中也进行着"无硝烟的战争"。截至1945年"二战"结束，已有55个国家开办了对外广播。随后，一些社会主义国家和第三世界国家也相继拥有自己的对外广播，广播在国际政治、军事战争中的作用得到进一步彰显。

（三）广播业的突破时期

第二次世界大战之后，停滞多时的电视技术开始成为各国媒介领域研发和建设的重点，电视业也逐渐发展。从20世纪50年代开始，电视开始进入美国人的生活并逐渐普及开来，而这一趋势给广播业带来了极大的冲击，受众的流失、广告份额的大幅缩减迫使广播不得不开始寻找新的突破，在新的媒介格局中寻找发展之路。

伴随电视的出现和发展，广播电台从20世纪60年代起开始转变播出策略，重新进行自身定位，对受众市场进行细分，"不再以综合节目吸引广大的听众，而是摸索出一家电台就以一种专业化节目类型发展的道路，为特定的听众提供专业化服务"①，

① 吴玉玲. 广播电视概论. 北京：中国传媒大学出版社，2007.10.

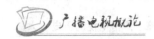

例如全天候播出的新闻台、音乐台等专业化电台，在国外的音乐节目中，音乐台还会细分出老式摇滚音乐台、途中音乐台、爵士音乐台、乡村音乐台等，从而也培养了一批相对固定和忠实的听众，这也成为早期媒体分众传播的典范。除了类型化，节目播出的地域性区分也是广播电台发展的另一主流方向。以美国为例，"美国电台为迎合听众的兴趣，并发挥自身作为区域化、本地化或社区化的传播机构的特点，开始减少广播网播出规模，尽量将自己报道的视野局限在本地区、本社区，节目构成也基本上以本地新闻、时事、社区活动、娱乐为主，受到当地听众的欢迎"[①]。本土化特色也让广播重新赢得了部分听众的关注。

20世纪50年代的美国，汽车工业日渐发达，广播也借着这一契机寻找到更大的发展空间，实现了一定程度的复苏。美国的汽车制造商都会将广播作为汽车的标准配件，车载广播成为人们在路上的最佳伴侣。据美国一家权威机构的数据显示："美国18岁以上的听众中，在汽车中听收音机的比例达83.3%；在广告客户格外青睐的高端听众——那些年收入超过5万美元的成年人、专业人士、企业高级管理人员、大学以上学历者中，在汽车内收听广播的比例更是高达90%以上。"另外，以车载广播为基础而创办的交通广播节目也得到了广大听众和市场的认可。作为国内第一个交通广播频道，北京交通台于1993年12月18日开播，并打造了《一路畅通》等精品栏目，赢得了广大听众尤其是出租车司机和有车一族的喜爱，并刷新了国内广播电台收听率、广告收入、市场份额等多项指标的历史，各地电台也相继开播属于自己的交通频道。汽车时代的确给广播业带来了一个新的转折和起点。

进入新世纪，随着政治、经济、文化等各个方面的全球化演进，以互联网技术、多媒体技术、卫星技术等为代表的新兴媒介技术席卷全球，数字时代的广播和其他大众媒体一样再一次面临着前所未有的机遇和挑战。如何突出重围再创高峰，成为世界各大广播电台一大课题。"作为目前世界上广播电视数字化程度最高的英国BBC广播公司认为数字时代是扩展听众多样化需求的有利时机。广播机构必须对原来的节目传播策略进行调整和重组。数字化时代，媒介新的分化和组合主要从

---

① 吴玉玲. 广播电视概论. 北京：中国传媒大学出版社，2007.10.

三个方面进行：硬件系统（新技术应用与开发）、软件系统（服务双向化、节目多元化）、重组资源系统（人力资源、节目资源、经济资源）。"① 因而在多媒体数字时代，广播除了要在制播技术、节目内容与形式上有所创新，更应主动引进新技术，转变经营理念。例如数字广播、网络广播的尝试和推广，广播节目在线点播和广播衍生品的开发，下一代广播——"播客"的深度开发和应用，进一步推动广播的服务性、交互性、个性化和市场化运作、区域性合作等。广播只要继续发挥其灵活性和移动性的优势，结合新兴的传播技术、传播方式以及外部的政策环境、经济环境等搭建和创造全新的服务应用平台，就能在媒介融合时代、数字化时代的媒体领域中继续占有一席之地。

第二节　电视的诞生和发展

一、光电效应

同电与磁的"缘分"被发现一样，硒的光电效应的发现也是缘于一次意外。而光电效应正是电视传播的理论基础。远距离传输影像信号是电视发明的客观需求，同时也离不开硒元素的光电效应，以及扫描技术、传真技术的发明。

1817 年，瑞典科学家布尔兹列斯发现了化学元素硒。1865 年，英国铺设海底电缆。工程师约瑟夫·梅在测定电缆性能时发现，测量的结果不断发生变化。经过反复实验和探索，他终于发现是硒元素在发生作用：当光线照到含有硒的物体上，就会产生电子放射现象。照射的光线越强，放射的电子越多；照射的光线越弱，放射的电子也就越少，由此表明硒元素具有光电效应。1873 年，约瑟夫·梅正式发表关于硒元素的光电效应的报告。这一发现，使得将光的变化变成电信号传输出去成为可能，从而在理论上得出这一结论：任何表现物体的影像都可以通过电子信号进

---

① 李岩. 广播学导论. 杭州：浙江大学出版社，2008.7.

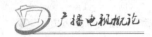
行传播。

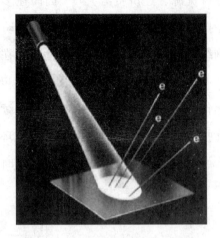

光电效应图

约瑟夫·梅

电视发明的雏形是机械传真机。尼普科夫是第一位发现电视扫描原理的人。他发明了一种可以旋转的圆盘，盘上有很多小孔呈螺旋状排列。这种用机械式扫描盘进行图像传送的方式叫做机械传真。人们为了纪念尼普科夫的贡献，便将这种机械传真机称为"尼普科夫盘"。尼普科夫盘成为世界上第一个机械电视扫描装置。

1907 年，俄国科学家鲍里斯·罗津获得设计世界上第一台电子显像的电视接收机的特许权。1911 年他研制的电视使用模型取得成功，并且用它显示出图像，这是世界上第一幅静止的电视图像。

1926 年 1 月 27 日，第一台机械电视机在苏格兰诞生，首次示范表演以无线电播放电影。1927 年，法恩斯沃斯成功地用电子技术把图像从摄像机传输到接收器，这是世界上公认的电视诞生的标志。

二、电视机的发明和改进

（一）电视机的发明

电视机是 20 世纪最伟大的发明之一。它通过光电转换系统使远距离的事物得以呈现，赋予了人类"千里眼"和"顺风耳"的功能，在传播领域引发了一场深刻的变革，对人们的生活方式、思维方式及思想意识产生了巨大影响。

人类发明电视机的过程同样充满着艰辛，其中凝结了众多科学家的心血与汗水。远距离传送图像是人们长久以来的愿望。贝尔发明的电话机刺激了人们的想象——既然可以通过一种发明出来的仪器听到远方的声音，那么是不是也能发明出一种能够看到远方图景的仪器呢？这样的好奇推动着电视发明向前发展。

虽然有着美好的愿望，但更要有适合的原理和技术支持。电视机的发明和人们发现"视觉暂留"的原理是分不开的。丰富的生活经验促使科学家对这一原理进行论证。

1829年，比利时有一位叫普拉托的科学家，经过论证后认为，人们感官的意向并不是随着外界物体停止刺激就马上消失，人们闭上眼睛后，视觉的物体印象仍然会在眼中做短暂的停留。他说，"假如几个在位置和形状上逐渐变得不同的物体在极短的时间和相当近的距离内连续在眼前出现，那么，视网膜上所得到的印象将是彼此衔接的，而不是互相混淆的，它会使人们以为看到了一个单独的物体在逐渐地改变着形状和位置"①。利用这一原理，当时的欧洲出现了数百种用连续不断出现的转动着的画面来表现活动影像的玩具，例如"走马盘"。

电视机的发明借助了照相机的技术。1824年，法国出现了世界上第一张照片——《餐桌》。第一次把照相技术用于活动摄影的是麦布里奇。他为了证明马在奔腾的那一刻四只脚是全部离地的，就沿着跑道摆了12台照相机，每台照相机的快门上系着一根绳子，当马踢动绳子，快门就会直接按下，拍下照片。麦布里奇从拍得的照片中得到启发，认识到把这些照片用于连续的幻灯片投影，或许就可以原貌展现马奔跑的过程。但要实现真正的连续放映的影像，呈现出就像人们亲眼看到的效果一样，还需要解决如何用一台机器拍摄连续影像的问题。

有需求就会有创造，摄影枪应运而生。它是由法国人马雷发明的。虽然这种摄影枪只能连续拍摄几秒钟的动作，呈现短时间内的景观，但为电影的诞生提供了十分重要的条件。1895年，法国的卢米埃尔兄弟发明了一种手提式的活动放映机。历

---

① 吴玉玲. 广播电视概论. 北京：中国传媒大学出版社，2007. 10.

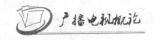

史上把这件事看作电影的诞生。

照相技术和电影技术的发展，为电视的发明准备了重要的技术基础。电视和电影具有许多相似之处，它们都需要利用光学原理和技术，但活动放映机可以做到一台机子拍摄、放映、洗映同时进行，而电视机不仅要实现影像的再现，最关键的是要解决远距离的传播。

约瑟夫·梅发现光电效应后，从理论上表明了任何物体的影像都可以通过电子信号进行传播。另两位科学家在电视机的发明过程中也有着不可忽视的作用。一位是前文所述的德国工程师保罗·尼普科夫，他发明了一种机械式光电扫描圆盘，这块圆盘上钻有螺旋状排列的小孔，把它置于图像前不停旋转，图像分解出的多种像素就可以通过小孔反映出不同的明暗变化，由此产生不同的电信号，就可以把信号从一地传到另一地。可以说这个机械式光电扫描圆盘就是现今电视机的雏形。

另一位伟大的科学家就是约翰·洛吉·贝尔德，他在机械式扫描圆盘的基础上，制作出了兼有传播和接收设备的真正意义上的电视机，因此他被称为"电视之父"。身为一个英国工程师，贝尔德热爱各种发明，显示出与众不同的禀赋。他在简陋的条件下也没有放弃研究电视。经过多次试验，他终于在1925年10月2日这一天的清晨，成功地在一台接收机上看到了来自异地的图像。至此，在经过多位科学家四十几年的不懈努力和摸索后，电视机终于诞生了。

贝尔德与他发明的电视机

（二）电视机的改进

即使电视机发明了，也存在许多需要改进的地方。例如接收到的画面不清晰，需要仔细调节才能看到画面，接受设备体积庞大等。

而这样的情况在"电子电视"出现后得到明显的改善。1923 年，拉基米尔·佐里金发明了结束机械扫描电视时代的电视显像管。显像管可以使电子在电场和磁场控制下以极快的扫描速度传送图像，从而使接收机上可以显现出清晰、稳定的画面。1946 年，美国第一次播出了全电子扫描电视。从此，电视机作为一种技术上比较成熟的大众传播媒介，开始真正发挥作用并进入百姓的生活。

尽管电子电视的发明已经让观众对于能够看到远方的图景而开心不已，但还原出真实的彩色世界对于科学家来说，依然具有十分重要的意义。

要研制出彩色电视机，关键在于解决每个像素中所存在的色度信号问题。1902 年，来自澳大利亚的物理学家芬·伯兰克提出了三基色原理。在他看来，一切自然界的色彩都可以通过红、绿、蓝三种基色光采取不同的混合形式呈现出来。因此，想要传送和接收彩色图像，只要传送和接收各种由三基色混合出的色光信号就可以。到这一阶段，彩色电视机得以发明。

从最初的黑白电视到彩色电视，人们已经达成观看世界上其他地方的图像的愿望。但人类的创造力是无穷的，不仅仅是看到图像，电视机前的观众还希望能够看到清晰、有质感的画面。于是，第三代电视机——高清晰度电视出现了。在高清晰度电视机上，组成每帧画面的行增加了一倍多，使得图像清晰度大大提高，图像中许多细致的部位都清晰可辨。日本和美国都较早开始研发高清晰度电视，在这一方面已走在世界前列。现在，人们已经可以足不出户，只需舒舒服服坐在家中，手持遥控器，就可以看到自己想要的丰富多彩、画面清晰的电视节目。随着信息传播技术的进一步迅猛发展，电视机作为百姓家中不可缺少的一部分，不论在技术还是内容方面，将来势必还会有更进一步的改进和发展。

三、电视业的出现和发展

（一）电视业的起步时期

在西方众多发达国家中，英国是最早研究电视的国家之一。1936 年英国第一座公共电视台在伦敦建成，同时这也是公认的世界上第一座电视台。第二年，英国就拥有了第一辆电视转播车，并于 1945 年成立了独立电视公司。到 1949 年英国又有了第二座电视台。

经过多次的实验，1941 年美国有了第一家商业电视台——WNB 电视台。1950 年，美国正式开播彩色电视节目。而"阿波罗"号宇宙飞船在月球的成功降落，则标志着太空电视时代的开始。1948 年，CBS 开办了世界上第一个定期的电视新闻节目——《CBS 电视新闻》，之后又推出了大型杂志性电视新闻节目《60 分钟》，这两个节目显著地为 CBS 赢得了收视率。CBS 的新闻节目一直以独到的剖析、果敢地揭露社会弊端而引起社会的关注。全国广播公司（NBC）和美国广播公司（ABC）也是电视市场竞争中强有力的角色。

（二）电视业的黄金时期

美国广播公司三足鼎立时期，造就了电视业最为辉煌的时代。1980 年，美国有线电视新闻网（CNN）成立，它以 24 小时不间断地播出新闻节目的形式，对美国传统三大广播网产生了很大冲击。它下属于美国时代华纳公司，是世界上新闻频道中覆盖范围最大的一个，因 1991 年对海湾战争的报道而闻名于世。CNN 在世界上 212 个国家和地区拥有 1.72 亿用户，此外，它在国内还拥有几千万用户。但 CNN 也面临着一个严峻的问题，那就是全天候、快速、大量的新闻报道背后却是新闻报道角度的单一、扁平以及报道质量的下降。

从 20 世纪 90 年代起，各大广播网纷纷效仿 CNN，开办 24 小时新闻节目并不断扩展海外市场。数字系统和电脑系统的运用也给电视事业的发展带来了新的契机。在这一阶段，美国的电视业风起云涌，出现了前所未有的兼并、集中、整合的现象。促使这一现象出现的主要原因是美国国会《1996 年联邦通信法》的出台，这大大放松了对电视业和其他产业联合兼并的限制，最重要的是还放松了对电视公司拥有附属台数量的限制。另外还出现了电视业内部兼并、联合的现象，各大电视公司纷纷加紧收购各地中小电视台，市场日益集中在少数大媒介集团手里。在2000年，美国前25位的电视集团已经控制了美国商业电台中的41.6%。

（三）电视业的突破时期

美国作为世界上传媒事业最为发达的国家之一，各大广播电视网竞争激烈，纷纷使出浑身解数，希望可以吸引更多观众的眼球。例如真人秀、脱口秀以及选秀节目的兴起。同时美国的电视节目频道虽然很多，但各节目几乎都有明确的受众，这些受众呈现出很明显的小众化特征。

相比于美国，加拿大电视节目则极具多元文化特色，科教类节目办得尤其出色。由于加拿大与美国邻近，当地电视节目受到美国各种变幻多彩的电视节目的强烈冲击，为了保护本国的独特文化，加拿大对本国电视节目采取了一系列保护措施，限制外国电视节目的入侵。

巴西则是拉美地区拥有广播电台和电视台最多的国家。1950年巴西建成了拉美地区第一家电视台，到了1985年巴西有全国电视网5个。巴西最大的电视台是环球电视台，它制作和播出彩色节目。值得一提的是，巴西电视普及率很高，边远山区也可以收看到电视节目。丰富多彩、富有民族色彩的电视剧和电视系列片也是巴西电视节目的一大特色，并出口到拉美的许多国家。

幅员辽阔的亚洲共有48个国家和地区，由于各国的政治、经济、文化的差别，亚洲的广播电视发展水平极不平衡。例如，在老挝、柬埔寨、尼泊尔等国家，到1982年电视还未出现，而日本几乎每个家庭有一台或多台电视机，其中一半是彩色电视机。日本是世界上广播电视技术最发达、覆盖率最高的国家之一。于1926年成立的日本广播协会（NHK）是一家半官方机构，不以广告为赢利手段，而是靠政府拨款及收取视听费生存。到1953年，NHK电视台已设有早新闻和晚新闻节目，满足了观众对信息的及时性需求。如今的NHK不仅重视新闻节目量的增加，更注重质的提高，系列报道、深度报道、连续报道和现场述评等新节目形式相继推出。

韩国的电视节目异军突起，尤其是风靡全球大部分地区的极具民族文化色彩的电视剧。韩国电视剧风格鲜明,既有适合中年人收看的家庭剧,又有专门为年轻人而制作的清新情感剧。凭借着横扫多个国家和地区的"韩流",韩国电视剧为国家带来了可观的外汇收入。

欧洲作为广播和电视的发源地,彩色电视普及率极高,拥有多个节目交换网,电视节目丰富。西欧国家卫星电视、电缆电视、因特网的应用满足了观众的需求,也推进了电视的再发展。

20世纪90年代以后,英国的广播电视网开始对亚洲、美洲、非洲、欧洲大陆的网络进行覆盖,并不断地通过数字、有线和卫星传送,进一步扩大电视覆盖面。

说到英国的电视业就不得不提英国广播公司(BBC)。作为在全世界范围内都享有很高声誉的公营广播电视公司,BBC的新闻节目强调客观、公正、平等,显得较为严肃。这是由于它一直保持着自己的独立性——独立于政府之外但对议会负责,资金主要来源于政府拨款、收取电视执照费和出售节目。

英国的有线电视网发展较早,从1998年到1999年底,英国已经开始尝试用地面差转台、卫星、有线三种线路传送数字电视。英国广播公司、独立电视网、第四套电视节目公司和第五套节目公司共同推出了一个Freeview计划,把地波作为免费广播平台。这个计划成功地推动了英国地面数字电视的普及。

英国作为英语国家中的非移民国家,十分注重自己的民族风格,力争在同其他国家融合的同时又保持其自身特有的文化。BBC一方面投入大量资金、外派记者、设立办事机构和购买外国节目;另一方面也尽可能地自己制作节目。它下辖13个文艺团体,其中有演员和艺术家600多个,这为其制作高质量的节目提供了保证。

英国电视节目很注重它的社会功能。政府对于不利于国民的节目进行严格的限制。1987年7月英国通过了《家用录像管理法》以限制色情、暴力节目对青少年的不良影响。总之,英国的电视节目体现出很高的社会服务性。

电视的发展是以科学技术为基础、以经济为后盾。少数发达国家凭借雄厚的经济实力和发达的科学技术建立了异常强大的新闻传媒事业,而大部分发展中国家由于条件的限制,导致其新闻事业和发达国家相比还存在很大的差距。世界上的电视机、电视台基本上集中在几个发达工业国家。这种差距在信息化时代不可避免地造成世界传播秩序的不平衡。信息的单向流动使得位于传播链条上弱势的国家和地区不仅遭受着来自发达国家和地区的大量碎片化信息，也面临着自己的民族文化被同化的危险。

【复习思考题】

1. 简述费森登、德福雷斯特、贝尔实验室等对世界广播业的主要贡献。

2. 简述相对于调幅广播，调频广播的优势。

3. 简述无线电广播的发展历程。

4. 简述在广播业黄金时期和突破时期各国广播业的发展概况。

5. 简述贝尔德、法恩斯沃斯等对电视业的主要贡献。

6. 简述在电视业黄金时期和突破时期各国电视业的发展概况。

参考文献：

［1］黄匡宇. 广播电视概论（第2版）. 广州：暨南大学出版社，2005.

［2］王利文. 中国广播电视新闻研究简史. 长沙：湖南师范大学出版社，2008.

［3］白小易. 新编电视学概论. 南京：南京师范大学出版社，2007.

［4］陆晔，赵民. 广播电视概论. 上海：复旦大学出版社，2002.

［5］施天权. 广播电视概论. 上海：复旦大学出版社，1987.

［6］许海潮. 广播电视概论. 北京：北京师范大学出版社，2009.

第二章　中国广播电视事业发展概况

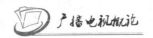

第一节　新中国成立前的广播事业发展概况

一、北洋政府时期的广播事业

20 世纪 20 年代初，在上海出现了我国境内的第一批广播电台，均由来华的外国人所创办。

1922 年 12 月，侨居上海的美国工程师、商人奥斯邦（E. G. Osborn）从美国运来一套无线电设备到上海。为推销无线电器材，他与一位旅日华侨商人合作，在上海成立了"中国无线电公司"，并与英文《大陆报》报馆合作，于 1923 年 1 月开办了我国境内的第一座广播电台——"《大陆报》—中国无线电公司广播电台"，呼号 XRO，发射功率 50 瓦，1923 年 1 月 23 日晚上 8 点正式开始播音，主要播送音乐和上海《大陆报》上刊登的新闻。当时被称为"空中传音"或者"无线电话"。由于电台触犯了 1915 年 4 月北洋政府公布的第一个涉及无线电的法令《电信条例》①，遭到北洋政府交通部、外交部的干涉，再加上电台本身的音质不佳、收听效果不好，电台在三个月后便停止了播音。1923 年 5 月底，美商新孚洋行也在上海设立广播电台，因经费困难开播半年后停办。

1924 年 5 月 15 日美商开洛电话材料公司在上海创办开洛广播电台，呼号 KRC，发射功率 100 瓦，先后与《申报》、《大陆报》、《大美晚报》等合作，在报馆安装播音室播报新闻。播报的内容包括商业信息、汇兑价格、新闻、音乐、戏曲、名人演讲等，深受听众喜爱。《申报》还专门开设了《本馆无线电话部报告》栏目对第二天的广播节目进行预告。电台一直到 1929 年 10 月才停播，前后共维持了 5 年多的时间，是当时外商在上海开办的广播电台中规模最大、影响较广、时间较长的

---

① 胡道静. 上海无线电台的发展. 转引自旧中国的上海广播事业. 北京：中国广播电视出版社、中国档案出版社，1985. 261.

一座。

此后，外国人在上海接二连三地创办电台，其中一部分是单纯为推销无线电器材服务的，比如说奥斯邦的中国无线电公司；但也有不少是"为帝国主义国家对华进行经济、政治、军事、文化侵略作宣传的，是思想文化渗透的工具"①。但是，客观上这些广播电台开阔了中国人的视野，增长了中国人的无线电知识，也开创了中国广播事业发展的先河，是有其积极意义的。

1926年10月1日，在奉系军阀当局的支持下，刘瀚在哈尔滨创办的"哈尔滨无线广播电台"开始播音，呼号XOH，发射功率100瓦，后扩大为1 000瓦，每天播出2小时，主要播出新闻、音乐、演讲、物价报告等内容。这是中国人自办的第一座广播电台②。

1927年3月18日，我国第一家私营商业广播电台"新新公司广播电台"在上海开播，由上海新新公司开办，呼号XGX，后改为XLHA，发射功率50瓦，主要播送商业行情、时事新闻和中国音乐。1941年电台因火灾停播。

1927年5月，由交通部天津无线电报局创办、北洋政府主办的"天津广播无线电台"开播，呼号COTN，发射功率500瓦，是我国第一座政府电台。同年9月，北京电话局开办的"北京广播无线电台"也开始播音，呼号COPK，发射功率20瓦，后增至100瓦。同时，在上海、哈尔滨、沈阳等地也先后建立起官办或商办广播电台。自此，我国的广播事业开始蓬勃兴起。但是，当时还没有一个全国性的广播电台，电台的发射功率一般较小，收听范围只限于广播电台所在城市及其周围地区。

二、国民党统治时期的广播事业

1927年，蒋介石、汪精卫先后在上海、武汉发动了"四·一二"、"七·一五"反革命政变，之后又经过一年多的军阀混战，蒋介石在帝国主义的支持下，在全国

---

① 陆晔，赵民. 当代广播电视概论. 上海：复旦大学出版社，2002.8.
② 陈尔泰. 中国的第一座广播电台. 新闻研究资料，1985（30）：4.

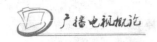

实行白色恐怖统治。

1928年8月1日，国民党的中央宣传机构"中国国民党中央执行委员会广播无线电台"在南京开始播音，简称"中央广播电台"，呼号为XKM①（三个月后改为XGZ），发射功率500瓦。该台播出的主要内容包括新闻及决议案、国内要闻、国际要闻、军事消息、名人演讲、施政报告、气象预报、科学演讲、宣传报告、通令通告、纪念典礼、音乐等，所有的新闻稿均由中央通讯社提供。该台正式播音的第二天，即在《中央日报》刊登了如下通告："嗣后所有中央一切重要会议、宣传大纲以及通令、通告等，统由本电台传播。"② 然而由于发射功率较小，收听效果欠佳，许多地方很难听到。1932年，国民党为了扩大宣传，引进全套德国设备，将中央广播电台功率扩充为75千瓦，呼号改为XGOA，于当年11月12日正式启用。这是当时亚洲发射功率最大的广播电台，收听范围遍及全国并波及世界不少地区。

到抗日战争爆发之前，国民党统治区内已有广播电台78座，广播事业的发展已经达到了一定的规模。国民党除了在南京建立中央台外，还在全国一些主要城市建立了20多座地方性广播电台。

1937年抗日战争全面爆发后，广播事业受到严重摧残。"中央广播电台"于1937年11月23日停止播音，后"中央广播电台"随国民政府迁往陪都重庆，于1938年3月10日恢复播音，发射功率减为10千瓦。各地广播电台部分落入日寇手中，部分则离开城市迁往边远地区。到1938年底，国民党的广播电台仅存六七座。

抗日战争进入相持阶段后，国民党的广播事业得到英美在设备方面的多次援助，广播事业有所恢复。1939年2月6日，国民党当局在重庆建成"中央短波广播电台"，呼号为XGOX（向北美各国的广播呼号）、XGOY（向欧亚各国的广播呼号），发射功率35千瓦。这是国民党正式开办对外广播的开端。1940年1月5日电台更名为"中国国际广播电台"，英文名称定义为"Voice of China"（中国之声，

---

① 按1927年国际无线电公约规定，中国无线电台呼号应在 XGA—XUZ 范围之内，第一个为英文字母 X，KM 为"国民党"一词的英文缩写字头。同年11月，呼号由 XKM 改为 XGZ。

② 南京《中央日报》，1928年8月1日。

VOC），呼号不变。该台设有对欧北美、苏联东部与我国东北部、日本和我国东北、我国华南、东南亚、苏联6套广播节目，使用英、德、法、西班牙、俄、日、泰等多种外语以及汉语普通话、粤语等多种语言播音，每日播音时间长达10小时。

除官办电台外，这一时期还出现了一批民办私营电台，其中半数以上集中在上海，大致可以分为教育性、商业性、宗教性三种类型，播音内容主要包括文化教育、戏剧娱乐以及宗教教义。

在沦陷区，日军强占了中国的所有广播电台，还新建许多座，利用这些电台加强对中国人民的思想文化统治，对中国人进行奴化教育，美化日本侵略行径。

抗战胜利后，国民党统治区内广播电台迅速恢复发展，但主要是国民党控制的官方台。1946年5月5日，国民党中央广播电台迁回南京。1949年4月23日，人民解放军攻占南京，中央广播电台停止播音，后随国民党政府迁往台湾。

三、中国共产党领导下的人民广播事业

中国共产党领导下的第一座人民广播电台——"延安新华广播电台"于1940年12月30日在延安开始播音，呼号XNCR①，发射功率300瓦。这是我国人民广播事业的开端。延安新华广播电台当时是新华社的组成部分，广播稿件均由新华社编辑科提供，主要播出内容有中共中央重要文件、《新中华报》社论、《解放》周刊及《解放日报》的重要文章、国内外的时事新闻、名人演讲、革命故事、科学知识等，另外还播放抗日进步歌曲等音乐戏曲节目。1941年12月3日，延安新华广播电台开办日语广播，我国人民对外广播正式开始。由于处在战争环境，广播设备简陋，经常发生故障，器材供应极为困难，因此延安新华广播电台自1940年底开播后一直处在时断时续的状态，播出效果极不稳定，收听范围也很有限，被迫在1943年春天彻底停止播音，直到1945年9月5日，经过多方努力才正式恢复播音，呼

---

① 按1927年国际无线电公约规定，中国无线电台呼号应在XGA—XUZ范围之内，第一个为英文字母X，NCR是"新中国广播"（New Chinese Radio）一词的英文缩写字头。

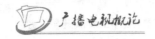

号不变。

1947 年 3 月，国民党军胡宗南部进犯延安，中共中央机关主动撤出，转战陕北，延安新闻广播电台也于 3 月 14 日停播，由设在陕北瓦窑堡好坪沟一座小庙里的战备电台接替播音，21 日改名为"陕北新华广播电台"，呼号未变。4 月 1 日，在太行山麓晋冀鲁豫地区新建的新华社临时总社正式接替了陕北台，并于 9 月 11 日开办英语新闻节目。由于形势的发展，1948 年 5 月 23 日陕北新华广播电台再次迁往河北省平山县西柏坡村附近继续播音。

1949 年 3 月 25 日，北平解放后，陕北新华广播电台随党中央迁往北平，取消 XNCR 呼号，改名为"北平新华广播电台"并开始具有对全国广播的中央台的性质。

1949 年 6 月 5 日，党中央决定将语言广播部扩充为中央广播事业管理处，管理和领导全国广播事业。从此，广播电台脱离新华社成为独立的新闻机构。9 月 27 日，中央决定将北平改名为北京，北平新华广播电台也相应改名为"北京新华广播电台"。

1949 年 10 月 1 日，随着中华人民共和国的成立，我国的人民广播事业也进入了一个新的阶段。

第二节　新中国成立后的广播电视事业发展概况

一、新中国成立至改革开放前的广播电视事业发展概况

（一）广播事业的发展概况

1. 新中国成立初期及社会主义过渡时期

1949 年 10 月 1 日，中华人民共和国开国大典在北京天安门广场隆重举行，下午 3 时北京新华广播电台开始广播实况，全国各地人民广播电台同时转播。这是第一次在天安门城楼上进行的实况广播，也是第一次进行联播。自此，人民广播事业

翻开了新的篇章。

新中国成立后，中央广播事业管理处改组为广播事业局，由中央人民政府新闻总署领导。1949年12月5日，北京新华广播电台第一台改名为"中央人民广播电台"（China National Radio，简称CNR），成为我国大陆广播的中心，第二台更名为"北京市人民广播电台"。随后，各地的新华广播电台也先后在"人民广播电台"前加上地方名称。

除了对广播机构进行改称和调整，中央还开了一系列的会议对新中国广播事业的建设进行讨论和议案，确立了新中国成立初期的广播事业任务。

（1）建立广播收音网。新中国成立初期，收音机还没有普及，一般都为富人所有，广大劳动人民拥有的数量很少。为了解决人民群众收听广播的问题，新闻总署于1950年4月22日发布《关于建立广播收音网的决定》："规定全国各县市人民政府、每个部队的政治机关，都应设置收音员；全国各机关、团体、工厂、学校，也酌量设置收音员。"[1]

全国各地人民广播电台努力的实施党中央的政策，全国上下也努力协同合作，最终形成了初具规模的广播收音网。据1952年年底统计，各地共建广播收音站237 000多个，收音小组数以万计，专职或兼职的收音员两万多名。[2]收音员收听记录下中央或地方的新闻、政策及其他内容后向群众口述传达或是编成小报、墙报等形式向群众传达，有时，他们还会组织群众集体收听重要的广播节目。

广播收音网的建立与发展为人民广播事业提供了稳定的群众基础并促进了其良好发展。同时，它提高了人民群众学习知识、了解政策的积极性，丰富了人民群众的政治、文化生活。

（2）对私营广播电台进行社会主义改造。随着"一化三改"政策的实行，私营广播电台被列入改造范围之内。私营广播电台基本上都是国民党统治时期所遗留下来的，其意识形态是资产阶级思想，宣扬资产阶级世界观、人生观与价值观，这与中国的无产阶级思想完全不符。而且，私营广播台为了吸引听众获取利润而

---

①② 赵玉明. 中国广播电视通史. 北京：中国传媒大学出版社，2006.

大量播出虚假广告与低俗节目，严重影响人民群众的正常文化生活。于是中央通过一系列步骤对私营广播电台进行了改造，主要方法有：接管或查封违法电台，命令违法电台停止播音，由人民政府出资收购广播器材以及由人民政府出资收购私有股份。

国民经济恢复时期，各人民广播电台作出了很大的贡献。比如对国家政治的宣传报道，将国家政策传到全国各个角落，激起人民群众建设新中国的激情与信心；对朝鲜战争、保家卫国的宣传得到人民群众的精神、人员、物质支持，极大地支援了朝鲜；此外广播电台应生产建设的需求播出一些面向工人、农民的节目，并举办各种文艺节目丰富人民的业余生活。

社会主义过渡时期，人民广播电台的一个重要任务就是宣传党在过渡时期的总路线。这一时期，各地方广播电台的组织建设也相应作了一些调整，在认识到教育听众是广播电台的主要任务后，很多省都撤销了市台，重新调整了人力，以精办节目为目标。另外，各地方广播电台对广播收音网也进行了整顿和巩固。

为了完成过渡时期的路线之一——对农村的改造，发展农村有线广播网、加强对农业社会主义改造的宣传成了广播事业在这一时期的重要任务之一。中央广播局局长梅益在第三次全国广播工作会议上作了题为"关于发展农村广播网的方针、规划的初步报告"的报告，确定了农村广播网发展的方针与规划。其实在这之前，部分城镇就已经在试办有线广播。1952年4月1日，全国第一座以一个县为区域范围的广播站——吉林省九台县广播站正式播音，为全国建立农村有线广播网提供了范例。[①] 随后浙江、山东、陕西、四川、广东等省都在中央广播局的倡导下到九江台去学习经验，经过两年的努力，这些省都建立了自己的有线广播，大部分还办起了一批县广播站。

2. 社会主义探索时期

1958年4月7日至18日，中央广播局的第五次全国广播工作会议在北京召开。会议将广播的性质定义为阶级斗争的工具，认为广播的主要任务是宣传政治、教授

---

① 赵玉明. 中国广播电视通史. 北京：中国传媒大学出版社，2006.

知识、提供文化娱乐，广播的写作文风也要改进，需要做到消息准确、观点鲜明、形象生动。

1958—1960 年的"大跃进"时期，全国的广播电视也投入"大跃进"中，为加速我国广播电视事业的发展作出了不懈的努力，如广播技术的提高：1959 年，中国第一部调频广播发射机试制成功；1960 年，西藏电台第一部 15 千瓦短波发射机正式投入使用。同时，广播电视在事业建设方面也取得一些成绩：1958 年 9 月 2 日，北京广播专科学校创立；1958 年底，中央广播大楼在北京建成。除了成绩，"大跃进"时期的广播在宣传上也存在着很多夸大事实的严重错误，给广播事业的工作和发展都造成了危害。

1960 年，我国国民经济面临着严重的困难。在此期间，广播系统也根据中央的规定作出一些调整，即精简机构、压缩编制，相继停办了一些中小城市广播电台，将广播资源进一步集中起来。在工作方面则努力改进宣传工作，提高节目质量。全国地方台在改进节目中注意加强地方特色，不断扩大报道面，增强知识性。江苏电台、上海电台等在"自己走路"方面进行了新的尝试。① 经过一系列的调整与努力，我国广播事业取得了一些成就，如提高了广播节目的质量，增加了节目的品种，播出了《新闻和首都报纸摘要》、《广播剧院》、《文艺信箱》、《小喇叭》等一批优秀的节目，受到广大听众的喜爱。

1963 年以后，全国的有线广播网逐步得到恢复与调整，到 1966 年初全国广播网的全面调整基本完成。与此同时，调频广播也已开始试验，人民广播事业进入新的发展阶段。

3. 文化大革命时期

"文革"十年期间，在极左思想的干扰下，广播事业的发展遭受到严重摧残，其领导权被林彪、江青反革命集团所控制，广播电台成了"无产阶级专政的工具"之一，实行阶级斗争和无产阶级专政下的继续革命，广播节目中的政治内容急剧上升，而知识性和文化艺术性节目则大幅度减少甚至是停播。1969 年 1 月 19 日 "中

---

① 赵玉明. 中国广播电视通史. 北京：中国传媒大学出版社，2006. 269.

央文化革命领导小组"发出的《关于地方电台应严格掌握宣传内容的通知》规定：凡与中央口径不一致的，凡中央报刊不发表的，电台一律不得广播。①"文革"时期的广播只剩中央政府的声音。

"文革"期间的广播主要内容是宣传。在理论宣传方面，以"无产阶级专政下继续革命"为主导，否定和批判马克思列宁主义、社会主义原则，强调阶级斗争的重要；在政治宣传方面，坚持"以阶级斗争为纲"，把阶级斗争绝对化、扩大化，煽动群众造反夺权，"批斗走资派"、"清理阶级队伍"、"一斗二批三改"等口号将斗争矛头指向群众，造成数以万计的冤假错案；在经济宣传方面，宣传"自力更生"，批判"唯生产力论"，使得经济建设指导思想混乱，经济和生产的秩序因此也乱成一团，我国的国民经济在此期间遭受到的损失高达千亿；在文艺宣传方面，形成了文化专制主义控制，凡是属于封建、资本、修正的文艺作品一律不准播出。经过这样的浩劫，广播文艺节目所剩无几，一片冷清。广播的新闻节目则几乎照搬《人民报刊》、《解放军报》、《红旗》上的新闻和其他内容。这一系列的宣传给全国人民造成了极大的思想混乱和危害。

这段时期，国内广播事业发展很不平衡，除中央广播有所发展外，各地方无线广播几乎停滞，但是有线广播得到了较大的发展，尤其是农村有线广播发展迅猛。各省市的财政部门都纷纷拨款用于建设有线广播网系统，有线广播事业建设资金有了来源后，其发展非常顺利、迅速。至1973年，全国有线广播网已基本普及。全国95%的生产大队和91.4%的生产队通了广播，61.5%的农户有了广播喇叭。在边远地区和少数民族地区还建立了15.4万多个小片广播网。②

1976年10月14日，"四人帮"被粉碎，从10月21日起，中央电台、北京电台相继播报了这一喜讯。

1976年到1978年，全国处于恢复徘徊时期，广播事业也是如此，工作虽然有所变化，但进展缓慢。

---

① 李岩. 广播电视学导论（第2版）. 杭州：浙江大学出版社，2005.
② 赵玉明. 中国广播电视通史. 北京：中国传媒大学出版社，2006. 317.

（二）电视事业的发展概况

1. 我国电视的初创时期（1958—1965 年）

相对于世界电视诞生的时间（1936 年）而言，我国的电视事业起步比较晚，1957 年才开始筹备，1958 年初研发并生产出电视发射机和播控设备，同年 5 月 1 日，北京电视台（中央电视台）开始试播，9 月 2 日，该台正式播出，这是我国第一座电视台。

1958 年 10 月 1 日，我国第二座电视台——上海电视台成立，同年 12 月，哈尔滨电视台（黑龙江电视台前身）开始播出。随后几年，天津、广东、黑龙江、吉林、陕西、辽宁、山东、湖北、浙江、安徽、四川、云南等地也相继建立电视台或实验电视。由于当时经济、技术条件的限制，电视还并不普及，其影响很小，电视事业发展比较缓慢。

北京电视台在正式播出后，每周只播 4 次（周二、四、六、日），每次播出 3 个小时，节目主要是新闻、社教、文艺类的。最初开办的新闻节目是《图片报道》，属于图片新闻，图片素材多来自新华社，在摄像处理时加配播音员的解说词。随后的电视新闻节目来源为中央新闻纪录电影制片厂摄制的《新闻简报》。1958 年 11 月 2 日，北京电视台设置了口播新闻节目《简明新闻》，时长为 5 分钟。1960 年 1 月 1 日，北京电视台又设置了固定的专栏新闻节目《电视新闻》。在新闻节目初期，新闻纪录片成了新闻主打节目。

社教类节目也随之开展，1959 年 5 月，北京台和中国文字改革委员会联合举办了我国最早的电视教学节目《汉语拼音字母电视教学讲座》。1960 年元旦北京电视台制定了固定节目的时间表，社教类节目所占比例较大。此外，电影和戏剧等文艺类节目也是电视节目的一个重要部分。开办初期，北京电视台播放的电影时间占总节目时间的 75%，戏剧转播占 15%。到 1959 年底，故事影片占 50%，戏剧转播占 30%，余下 20% 是纪录片、科教片、《新闻简报》和小型演播室。①

1958 年 6 月 15 日，我国第一部电视剧《一口菜饼子》播出。当时由于条件有

---

① 郭镇之. 中外广播电视史. 上海：复旦大学出版社，2005. 240.

限，电视剧主要是现场直播的，也无法保存，重播的话必须重新编排一次。60年代初，领导者在经济困难时期对文艺政策进行了调整，给了文艺界一个相对宽松的氛围，于是一些亲切生动、富有生活乐趣和感染力的电视剧开始出现，例如1963年2月17日，北京电视台播出的《相亲记》。而与此同时，一些国外的题材也进入荧屏，如1962年1月13日，北京电视台播出的根据美国作家马尔兹同名作品改编的电视剧《莫里生案件》。

自电视诞生后，我国的电视事业除了在节目上进行尝试和努力外，在电视教育方面也进行了大胆尝试。1960年3月8日，我国第一座电视大学——北京电视大学正式开学，最初只设有数学、物理、化学三个理科专业，1961年设置中文专业，1965年又增设了英语专业，课程多达30多门，注册学生也达到2万多人。同年，上海电视台与华东师范大学联合创办上海电视大学。随后其他各地方电视台也相继开办电视大学。

2．我国电视的曲折发展时期（1965—1978年）

"文化大革命"是中国空前动荡的年代，在林彪、江青反革命集团的操控下，电视事业的发展受到很大的挫折。电视台沦为反革命集团宣传错误路线的阶级斗争工具，电视节目也变得单一化。

1966年5月中旬，北京电视台为了宣传"无产阶级专政下继续革命"的口号，作出了一些安排：在《简明新闻》里播送"文革"消息和相关文章的摘要，社教节目举办专栏《高举毛泽东思想伟大旗帜，搞掉反党反社会主义的黑线》，在少儿节目里组织少年学生展开大批判。5月下旬，北京电视台又对文艺节目进行了调整，规定"文化大革命"前的文艺节目属于"毒草"，一律不准播出，文艺节目陷入萧条。这时的电视内容十分单调，以转播舞台演出为主。

1967年1月3日，北京电视台开始停播一般性节目，只对重大的政治事件和重要节目进行播出或转播。到2月4日才开始恢复播出，播出时间为每周六1次，1968年1月改为每周播3次，1970年年底增为6次，到1971年10月4日，一周7天每晚都有电视节目播出。自此，一些电视台陆续重建或创办。

"文革"期间的电视节目主要是新闻节目，播出的内容都是反革命派的"革命"、"阶级斗争"的政策、各种政治运动及"抓革命促生产"等，"假、大、空"成为电视新闻的主体。而其他类型的如教育、知识、文化、服务等专题节目则被青年上山下乡、生产建设等题材所代替，或是直接取消。1958年开始发展起来的电视剧也在"文化大革命"中被迫中断，十年期间电视台只播出了3部电视剧。1967年，电视台中断了与英国维斯新闻社的互购电视节目关系，与其他国家的节目交流也进入停滞状态。自此，电视台的国际节目进入了萧条时期。直到1971年才慢慢开始恢复。

这一时期，电视教育事业也被迫中断，全国正规的大、中、小学都停课"闹革命"，作为业余性质的电视大学更是不堪冲击，纷纷夭折。

虽然电视事业在"文革"期间受创，发展十分缓慢，但电视台的技术发展却取得了一些进步。1966年1月，北京电视台首次使用电视录像设备。1969年，北京电视台节目传送范围包括天津、河北、山西、陕西四省市，有15个省、市、自治区能够通过微波干线收转北京电视台节目，到1975年扩大为26个，而且很多省市可通过微波线路向北京回传部分节目。[1] 1973年5月1日，北京电视台开始彩色电视节目的试播，使用八频道，每周播4次。次年5月改为每日播出。1974年10月1日开始正式播出。上海、天津、成都等一些大城市也开始播出彩色电视节目。

1976年，"文革"结束。我国的电视开始恢复，创办了一批节目，电视事业重新发展起来。

1976年12月29日，北京电视台播出了长期禁锢的影片《洪湖赤卫队》，31日播放了《东方红》。1978年除夕夜，北京电视台为观众举办了一次春节晚会，内容包括歌舞、猜谜、新电视剧、故事片、新排的戏曲等，这是1983年正式创办的春节晚会的最初形态。1978年1月1日，《全国电视台新闻联播》（简称《新闻联播》）正式开办。1978年5月1日，北京电视台改名为"中央电视台"（简称央视，英文缩写CCTV），确立了国家电视中心的地位。1978年12月，CCTV采用ENG电子采访设备对新闻进行采集，从而使节目制作过程大大简化。中国的电视事业开始

---

① 欧阳宏生. 广播电视学导论（第3版）. 成都：四川大学出版社，2007. 36.

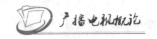

迈入蓬勃发展的阶段。

二、改革开放后广播电视事业的发展概况

（一）广播事业的发展概况

1. 对内广播事业

1978 年底党的十一届三中全会召开后，我国的广播事业积极进行改革运动，广播节目从内容到形式都发生了喜人的变化。一是节目质量提高，节目的整体布局调整受到重视。突出广播特点的"短"、"快"、"新"的新闻报道多了，恢复了广播评论，组建起了评论队伍；二是出现了新的节目形式——主持人节目。新中国的广播事业进入了发展的全盛时期。

1980 年 10 月 7 日，第十次全国广播工作会议召开。会议总结了新中国成立 30 年来广播电视宣传工作正反两个方面的经验，明确新时期的宣传方针、基本任务和奋斗目标，提出要坚持"走自己的路"的方针，充分发挥广播电视长处，利用广播电视这一现代化的宣传工具，更好地为"四化"建设作出更大的贡献。

1983 年 3 月 31 日，第十一次全国广播电视工作会议在北京召开，着重讨论了改革广播电视工作和发展广播电视事业的一系列方针以及到 2000 年的奋斗目标，确定了"四级办广播、四级办电视、四级混合覆盖"的广播网方针。广播电台建设在中央、省、地、县四级迅速展开，电台数量大幅增加。1980 年，全国共有广播电台 106 座，截至 2000 年底发展到 304 座，增加了两倍。另外，在这次会议上还对事业建设方面的一些方针、政策进行了调整。比如确定了采取广播卫星覆盖全国的方针。卫星广播是现代化的科学技术手段，它比建设地面传输系统省工、省时又省钱，同时可以加快对全国的覆盖。会议制定的另一项重要的技术政策就是大力发展调频广播，要求中央、省、市、县都要积极开办调频广播。

1986 年 12 月 15 日，珠江经济广播电台开播，这是我国第一个专业经济广播电台，它改变了中国广播长期以来只在四级纵向发展的局面，开拓了横向发展的新空间，同时拓展了广播媒介的功能。广东首创的广播"珠江模式"掀开了广播改革的新画卷，在推动广播的结构性改革方面树立了榜样。在"经济台热"中，我国广播改革思路不断拓宽，电台管理体制开始改变。经济台在节目制作和人员任用上大胆创新，取得了良好的经济效益和社会效益，为广播的改革发展拓宽了道路。1987年3月，天津电台率先把五个频率分别改为新闻经济台、专题服务台、文艺台、教育台、调频立体声文艺台，拉开了系列台建设的序幕。

1992年邓小平视察南方重要讲话发表后，在建设有中国特色的社会主义理论和党的十四大精神的指引与鼓舞下，全国广播电视系统的同志积极解放思想，适应时代发展需要，加快改革步伐，全国出现了广播大发展的繁荣局面。在同年10月28日，上海东方广播电台开始播音。上海东方广播电台大胆进行体制改革，率先实施双台体制，开创新的节目形式，着力开拓直播节目，并大力开展社会活动。这一系列运作模式的成功使上海"东广"成为当时的典范，引发了全国范围的第二次"广播热"。

进入21世纪以来，中国经济的快速发展，为广播事业的发展提供了良好的外部环境，广播事业的发展离不开经济的支撑。截至2009年底，全国共有广播电台251座，广播电视台2 087座，开路播出的广播节目2 675套，有付费广播39套，全年播出公共广播节目1 226.55万小时。在"村村通"工程的推动下，2009年，全国广播人口综合人口覆盖率已经达到96.31%，无线广播综合人口覆盖率93.75%。[①]

中国已建成世界上覆盖人口最多的广播网络，成为广播大国。21世纪以来，中国广播事业的发展，又有了新的动向。主要表现在：

（1）新技术的应用使广播事业有了新的发展空间。继20世纪20年代和40年代分别兴起的调幅广播和调频广播之后，数字化、网络化等新兴技术的应用为广播开辟了新的市场空间。一方面，广播数字化进程明显加快。截至2005年底，全国已开播数字广播13套；另一方面，借助新媒体、新技术，广播的传播形态不断创新。网络广播、手机广播为广播事业的发展注入了新活力。

---

① 2010中国广播电影电视发展报告. 北京：新华出版社，2010. 33.

（2）广播内容专业化、频率专业化改革步伐加快。2003 年是广播电影电视总局确定的"广播发展年"。各台秉承以信息性适应时代、服务性争取市场的理念，并践行"内容专业化、对象专业化、精品化、本地化"。这一年，全国新增了 34 个专业性广播频率。广播覆盖率达 93.56%，广播听众达 12 亿，广播广告额达 25.57 亿元。2004 年中央人民广播电台全面实施"频率专业化，管理频率化"的改革，完成了八套节目的频率专业化改造，之后，一些综合频率也纷纷改版，转向"细分市场，定位受众"的专业化道路。

2. 对外广播事业

1978 年中国开始实行改革开放政策，进一步推动了对外广播事业的发展。同年 5 月，中国对外广播机构改名为"中华人民共和国国际广播电台"（China Radio International，简称 CRI）。到 1989 年底，国际广播电台已经使用 38 种外语，汉语普通话和 4 种方言，共 43 种语言对世界各地广播，每天播音总时数为 144 小时 30 分。为加强国际时事的报道，中国国际广播电台还在世界各地和香港、澳门地区建立了 27 个记者站。

20 世纪 90 年代中期，中国人民对外广播事业又有了新发展，1997 年 5 月，采用世界最新数字广播技术的中国国际广播电台新楼正式投入使用，节目传送实现数字化，节目制作也于 1998 年全部实现数字化。此外，国际电台各语种的节目已送上了亚洲二号和美洲二、三、四号卫星，连同与国外电台开展的互转、租机、传送、寄送节目等合作，我国对外广播基本实现全球覆盖。

到 21 世纪，我国广播事业的对外广播能力得到了进一步增强。广播"走出去"工程初具规模。到 2005 年底，中国国际广播电台已使用 43 种语言对外进行广播，通过内地 29 座发射台、海外 11 座转换台实现全球覆盖，每天使用 162 个频率，播出 1 611 个小时，总发射功率达 277 604 千瓦。截至 2009 年底，我国基本完成对外广播业务结构调整，形成了"无线在线并重"的格局，并继续推进对外广播"本土化"战略，探索节目本土化新模式，对外传播效果不断提升，对外影响力也日趋增强。

（二）电视事业的发展概况

1978年，我国首次通过太平洋上空的卫星传送了中国党政代表团访问罗马尼亚、南斯拉夫、伊朗的电视新闻。此外，通过大西洋卫星，并经过英国地面站中转，再通过印度洋通信卫星，向全国转播了在阿根廷举行的第11届世界杯足球赛半决赛和决赛实况，这之后，凡是重要的采访及重大体育比赛，大都通过卫星传送或转播。

1. 全面发展与繁荣时期（1979—1999年）

1978年开始，电视事业发展加快了步伐，开始进入了快速发展和繁荣时期。1979年，北京市开办电视台，其他省级电视台相继成立。1980年10月，全国第十次广播电视工作会议总结了广播电视工作的经验，对广播电视宣传工作进行拨乱反正，明确了新时期的宣传方针、任务和奋斗目标，提出要"扬独家之优势，汇天下之精华"，坚持"自己走路"的方针。到1988年，全国电视机社会拥有量1.43亿台，而到1997年，全国已有电视接收机3.17亿台，经过正式批准成立的各级电视台3 000多座。我国电视事业的飞速发展，不仅体现在事业发展规模上，更主要的是彰显了电视在新闻传播、社会教育、文化娱乐、信息服务方面的重要功能。

（1）电视新闻的改革和发展。我国电视新闻改革起步于20世纪80年代。由于卫星传送技术的运用，我国从国外新闻社获得的国际新闻时效大大提高。受国际新闻栏目的影响，中央电视台《新闻联播》开始改革。1981年4月在青岛召开的全国电视新闻工作座谈会上，为电视新闻的改革与发展制定了奋斗目标和要求："要把《新闻联播》办成一个比较完整、比较系统的对国内、国际重要事件及时形象化报道的节目，使它成为电视观众获得新闻的重要途径之一。"从1981年7月1日起，《新闻联播》取消新闻配乐，开始突破"新闻纪录片"的刻板模式。经过几年的努力，《新闻联播》不仅确立了自己在电视节目中的主体地位，而且在全国同类节目中的影响越来越大。

为了适应观众需求，我国电视新闻改革步伐加快。各电视台采取了一系列措施来确立电视新闻的主体地位，如报道的真实准确、报道面广、信息量大、时效性强、实行新闻滚动播出等。从1993年起，我国相继涌现出一批名牌电视新闻栏目，尤其是中央电视台的以栏目化为标志的《东方时空》、以深度报道为主的《焦点访谈》、以调查性报道为特点的《新闻调查》等，从而引发了各地方台新闻栏目的蓬勃发展。同时，报道形式创新，深度报道兴起，这些都增加了新闻的权威性。

此外，现场直播报道也大量运用于电视新闻报道当中，对重大新闻事件全方位、多角度同步报道。最具代表性的是1997年央视对香港回归进行72小时直播报道和对三峡大截流的现场直播报道。这一年是中国电视史上的重大突破，被称为"中国电视新闻直播年"。

（2）电视剧发展迅速，市场不断扩大。我国自制电视剧数量不断增长。1979年，中央电视台共播放各地制作的电视剧18部。1981年，全国电视剧生产150部，播出117部。① 这一时期，根据古典文学名著《西游记》、《红楼梦》等改编的长篇电视连续剧更是掀起了阵阵收视热潮。

1983年10月，中国电视剧制作中心成立，全国各省电视台也相继建立了电视剧部，积极投入电视剧的制作。国产电视剧数量激增，品种日趋多样，质量也有明显提高，不仅出现了一批思想、艺术水准较高的短篇电视剧，而且产生了一批在社会上引起强烈反响的中、长篇连续剧。这一年还诞生了中国电视剧的权威奖项——全国优秀电视剧奖"飞天奖"。与此同时，国内电视剧制作体制率先改为社会化的制播分离制度。20世纪80年代后期，经批准的社会企业可以制作、发行电视剧。1986年实行电视剧"制作许可证"制度。进入20世纪90年代，电视剧年产量基本稳定在5 000—6 000多集，成为世界上电视节目第一生产大国。20世纪90年代后期，国产电视剧的年生产量已突破1万集。随着社会各界的积极参与，中国电视剧的质量日益提高，形式日趋多样。

（3）综艺、体育类节目全面发展，呈现出崭新姿态。综艺、体育类节目开始如火如荼地发展，春节联欢晚会是其典型代表。1983年春节，中央电视台经过多年探索和积累，开始举办春节联欢晚会，开展丰富多彩的文艺竞赛活动。看春晚成为我国老百姓的新民俗。此外，综艺竞赛类节目《正大综艺》、《综艺大观》也风靡一

---

① 赵玉明. 中国广播电视通史. 北京：中国传媒大学出版社，2006. 358.

时。90 年代中后期，我国综艺娱乐节目在全国掀起一股娱乐浪潮。先是 1997 年 7 月湖南卫视推出的《快乐大本营》，后有 1999 年 1 月 20 日北京有线电视台开播的《欢乐总动员》。截至 1999 年 6 月，全国有 33 家省级电视台、42 家地市级电视台开办了娱乐节目。这些节目不仅在当时赢得了观众的喝彩，也促进了电视娱乐节目的向前发展。

进入 20 世纪 80 年代以后，随着中国体育事业和电视事业的蓬勃发展，体育报道在我国电视节目中的比重明显增加，国内国际的重大体育赛事都能通过电视及时播出。中央电视台通过国际通信卫星转播世界体育的各项赛事，吸引了不少体育爱好者的目光。如 1984 年第 23 届洛杉矶奥运会，1986 年汉城亚运会等，都是中国电视体育 20 世纪 80 年代辉煌的篇章，中央电视台对这些比赛都进行了实况转播。进入 20 世纪 90 年代以后，电视事业的综合实力有了很大增长，以全方位报道在北京举行的第十一届亚运会为标志，中国的体育报道水平和能力攀上了一个新台阶。1995 年，中央电视台体育频道开播，使中国成为世界上屈指可数的电视中有体育专业频道的国家之一。

（4）电视文化专题片和纪录片的兴起。1983 年 8 月 7 日，中央电视台推出了 25 集大型电视文化专题系列片《话说长江》，设立固定节目主持人，采用章回小说体的结构方式，固定、连续播出，同年再次推出《话说运河》，掀起了当时的文化热潮。20 世纪 80 年代，我国开始大量引进海外电视节目，像 1980 年的法国译制片《红与黑》、美国《大西洋底来的人》和 1981 年底开播的《动物世界》等。

1991 年，中日合拍的大型电视系列片《望长城》播出，引领了中国电视纪录片的纪实主义潮流，这是中国新纪录运动的开端。1993 年，上海《纪录片编辑室》问世，这是我国第一个以纪录片来命名的电视栏目。同年，中央电视台《生活空间》开播。新纪录片运动自 20 世纪 80 年代末期到 1996 年左右达到高潮，期间出现了《摩梭人》、《沙与海》等一批富有思想力度和美学高度的作品。但是好景不长，这场新纪录片运动在 20 世纪 90 年代中后期逐渐衰退。由于市场竞争激烈，纪录片也要承受观众和市场的选择与淘汰，再加上电视台运作机制的改变，受收视率等因素的制约，各级电视台的纪录片栏目纷纷关闭，纪录片逐渐陷入发展的困境。

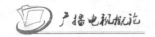

2. 激烈竞争与高速发展时期（2000 年至今）

从 2000 年开始，中国电视事业又步入了一个高速发展的新时期。

进入新世纪，各类电视节目都进入一个新的发展时期。尤其是新闻节目，在不断更新与突破中变得更加成熟。2002 年元旦，《南京零距离》在江苏电视台城市频道开播，节目带动了地方电视台民生新闻的大发展。2003 年 5 月 1 日中央电视台新闻频道正式开播，每天 24 小时播出 24 档整点新闻和四种分类新闻、多种新闻专题及新闻现场直播节目。新闻频道的开播，使中国成为世界上少数几个拥有 24 小时连续播出电视新闻的国家之一。2008 年汶川地震的发生解除了栏目延阻实效的障碍，进一步增强了重大新闻的时效性。5 月 12 日下午 2 点 28 分地震发生时，中央电视台新闻频道立即在滚动新闻中开设直播窗口，第一时间迅速及时地报道了地震情况，当晚又做了跟进直播，做到第一时间更新、直播地震情况，创下新闻频道开播以来的最快传播。

同时，在全球化以及电视行业的竞争日趋激烈的情况下，我国电视业在技术、策略方面有了新变化。在"村村通"工程的推动下，截至 2009 年，全国共有电视台 272 座，电视播出时间 1 577.68 万小时，电视人口综合覆盖率达到 97.23%，无线电视综合人口覆盖率 92.26%，数字电视用户达到 6 321.72 万户，付费数字电视用户 712.80 万户，有线广播电视入户率 43.99%。① 新增有线电视用户开始从城市向农村延伸，东部地区有线电视县乡联网、乡村联网成为有线电视发展的新趋势。目前，我国已经形成覆盖全国的有线、无线、卫星等多种技术手段并用的多层次、现代化的广播电视综合覆盖网。

新世纪以来，中国电视事业的发展呈现如下特点：

（1）数字电视发展进程加快。电视的数字化是指在节目制作、集成、传输和接收的整个业务链中采用数字技术替代模拟技术的系统工程。因此，电视的数字化是整个产业链的数字化。进入 21 世纪以来，各电视台纷纷开始数字化的相关尝试。数字化渗透到节目内容制作、信号发射、地面有线传输、用户的数字接收机等各个

---

① 2010 中国广播电影电视发展报告. 北京：新华出版社，2010. 33~34.

环节。2005 年，全球首家中文高清频道——中央电视台高清影视频道开始在杭州和大连等地试播。2006 年 1 月，中央和省级的卫星广播电视节目全部实现了数字化传输。[1] 2009 年，有线电视数字化继续扎实推进，全国实现整体转换的大中城市达到 163 个，广西、青海、宁夏等省（自治区、直辖市）所有大中城市完成整体转换，进入了开展多种业务、拓展服务领域的新阶段。到 2009 年底，我国有线数字电视用户达到 6 321.72 万户。[2] 为加快推进无线数字化，组织实施地面数字电视覆盖工程，已制定完善全国 300 个城市的频率规划。同时，下一代广播电视网研发工作也取得了新进展，正在积极筹备 36 个示范区建设，其中上海示范区建设正式启动。

（2）网络电视、手机电视、移动电视等新媒体的出现。在新技术的推动下，广电、通讯、信息产业从不同的角度突进，引发了新一波的新兴产业关联运动。如网络电视、手机电视、移动电视等新媒体的出现。这些都是电信网络与传媒产业融合的产物。

以网络电视为例，网络电视是互联网与电视"联姻"的崭新媒体。网络电视从技术实现方式到服务内容，从提供者到服务对象，无处不体现了互联网与电视这两个行业的"融合"。2002 年 12 月，"央视国际"正式成立，标志着我国最大的以音视频信息为特点的门户网站的诞生。2003 年 9 月，上海文广传媒集团"东方宽频"开办网络电视业务，同年 12 月，"中国网络电视"开播。2004 年 5 月，中国网通开办了网络电视平台"天天在线"；同年 6 月，中央电视台"央视网络电视"开播等。随后，各省、市、自治区电视台（除青海电视台）都建立了自己的网站，并且开设了有音视频的频道或栏目。目前，我国内地已建成一批初具影响力的网络电视，如央视国际、东方宽频等。

我国作为全球最大的移动通信市场，也开始步入了手机电视时代。2005 年中国移动和中国联通先后推出了基于蜂窝移动网络的手机电视业务。同年 4 月，上海文广传媒集团获得了由国家广播电影电视总局颁发的全国第一张手机电视执照。双方

---

① 2005—2006 年中国数字电视产业报告. 广播电视信息杂志社市场研究部，2006.
② 2010 中国广播电影电视发展报告. 北京：新华出版社，2010.

达成了战略合作，并于 9 月 28 日正式开通了手机电视——"梦视界"业务，向手机用户提供下载点播和直播等基于流媒体的手机电视业务。

近几年来，移动电视的发展也非常迅猛，产业价值逐渐凸显，业务模式日趋成熟。上海是中国首个、全球第二普及移动电视的城市，上海公交移动电视于 2002 年 5 月 28 日正式开播，上海的移动电视在覆盖市内大部分公交车的基础上，正在逐步向出租车、楼宇等扩展，由此来构筑移动电视平台。移动电视在上海成功运营后，多个大城市相继开播了移动电视。目前，全国已有 30 多个城市开始运营移动电视业务。

（3）电视媒体竞争升级，频道向专业化、个性化、品牌化发展。20 世纪 90 年代随着省级电视台纷纷上星，"央视为主，一家独大"的旧电视单极格局被打破，逐渐形成央视、省级卫视、省级非卫视频道、城市台和境外电视媒体五足鼎立、多元发展的新格局。毋庸置疑，21 世纪是中国电视行业竞争更加激烈的世纪。新世纪以来，中央电视台全面实施了"节目精品化、栏目个性化、频道专业化、频道品牌化"的发展战略。随后各级电视台相继改版，努力寻求自身的特色化定位，推动频道向专业化、个性化、品牌化发展。如安徽卫视定位为"电视剧频道"、上海东方卫视主打"新闻王牌"、广东卫视主推"财富资讯"等。由此可见，省级卫视纷纷把"进军全国市场"作为发展的重要战略目标。

第三章　广播电视节目制作

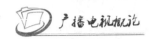

广播电视节目的制作是运用艺术创作和技术加工生产出节目的重要环节。一个节目的成败取决于它的制作过程中的每个环节的相互配合，因此节目制作人员都非常重视节目制作流程的每道工序，分工合作以求生产出最好的节目。

第一节　广播电视节目的制作人员

广播电视节目的制作人员即参与广播电视节目整个生产过程的工作人员，主要是指节目的制播人员，既包括荧幕前的记者、播音员、主持人，也包括幕后的制片人、编导、编辑、摄像等。广播电视节目的制作人员就是一个团队，一个广播、电视节目从报道的最初构思到最后节目的播出，是需要这个团队在各个环节上密切配合才能完成的。

一、制片人

制片人是广播电视节目制作集体的总负责人。广播电视节目的创作是一个集体的创作，而制片人就是这个集体的决策者。只要大致的思路形成，制片人就会在前期制作中对这个构思进行完善，拟定出选题、拍摄计划以及进行预算。接下来，他就可以组织导演、编剧、摄像、主持人等节目摄制人员一起工作，在工作的过程中他会协调各项事务，监督拍摄进度、拍摄质量等。

我国的制片人制度始于 20 世纪 90 年代，电视制片人的出现是电视产业不断发展的标志。另外，制片人制度也有助于提高节目质量、节约经费和时间、合理使用人员。我国已有的电视新闻栏目制片人模式主要有：央视《东方时空》模式，即设立栏目总制片人；上海电视台模式，即频道总监负责下的栏目制片人制等。随着制播分离的发展，也慢慢出现一些独立制片人。独立制片人一般从制作公司或电视台承接节目制作任务，再自筹经费和制作班底，制作好节目后售给电视台或其他节目购买商。独立制片人必须将节目卖出后才有收益，所以承担的资金风险比较大。

二、编辑、编导、导演

编辑是广播电台、电视台中对节目文字稿件和音响素材进行筛选、重组、加工和编制节目的专业人员。编辑的工作重点就是制订报道计划，选择、修改稿件，剪辑、编录影像素材。因此，编辑除了需要一定的文字功底外，对编辑设备的熟练使用也是必需的。除此之外，编辑还需要做一些后期工作，如录制节目，审看、检查校对节目等。由于广播电视编辑工作没有明显的界限，许多其他从业人员也承担着编辑的任务。记者除了采访报道之外，也要对自己采集的新闻素材进行编辑合成。导演也是，指导拍摄之后大部分工作就是进行节目编辑。编辑、导演的工作既有分工也有合作，有时很难将他们的工作性质区分开来。因此广播电视界经常用编导一词来代替，将编辑和导演合称为编导。

编导在节目制播过程中起着承上启下的作用，他既要对节目负责，也要对制片人负责。编导的工作包括根据构思写作或组织写作、节目策划、指挥拍摄工作人员摄制节目、编辑合成节目、负责节目的安全播出等。在文艺节目、电视剧、文艺晚会中，编导一般称为导演。导演是节目的组织者和领导者，他的主要工作有阅读脚本，将脚本转换成具体的画面镜头，检查拍摄现场的布景和设备并协同节目组内所有的创作人员与技术人员以及演出人员，最后与编辑一起完成后期编辑工作。

三、记者

记者是指广播电视机构中外出进行采访报道的专业人员。记者的主要任务是采写新闻，报道事实。除了采写，有的电视记者还需在电视中出声露面，以目击者的身份对新闻现场进行口头报道，即出镜记者。

随着受众对新闻现场感的需求的提升，记者出镜也越来越频繁，为了给受众留下对新闻的深刻印象，出镜记者除了运用语言、音响等要素外，更需要通过调动电视画面来说明新闻事实。而不同报道类型的节目，记者出镜报道的形式也不同，主要有记者以新闻现场为背景面对镜头报道；记者与受访人同时出镜；在调查活动中，记者跟着事件的发展出镜。不论是以哪种形式进行报道，记者都需要有敏锐的现场观察能力和良好的口头表达能力。

还有一些在新闻现场参与了新闻信息采集工作的人员，他们的工作也属于广播电视记者的范畴。这些工作者有：

现场编辑：在现场构思出完整的节目内容并指挥现场素材的采集。

摄像师：根据节目要求摄取有信息量的画面。这在接下来的内容中会详细介绍。

录音师：采录节目现场的声音。

灯光师：负责灯光设计、布置和调整灯具，提供摄像所需的照明条件。

场记：在拍摄现场记录摄像工作，每一个场景、人员、镜头都要记录在案，以便后期编辑有依据。

四、摄像

摄像是指根据节目要求用摄像机拍摄有信息量的画面的专业人员。摄像在中期拍摄中担任着重要的责任，其工作是后期节目编辑的基础，没有摄录的音像素材，后期编辑便是无源之水，就更谈不上节目成品了。摄像的出色工作是制作优秀电视节目的基础。

摄像工作是一项技术性的工作，它需要摄像师有扎实的技术功底，能熟练地使用和调节摄像机；同时这也是一项艺术性的创作，较高的艺术素养能帮摄像师进行艺术性的思维，从而选择正确的镜头和拍摄角度，拍摄出新颖、优美和富有创意的画面；另外，现场应变能力和即兴的创作能力也是摄像必不可少的素质。由于节目的素材都是通过摄录获取的，摄像必须在现场捕捉典型事物和典型的事件，但某些突发事件的新闻价值只存在于那么一瞬间，摄像如果没有捕捉到就永远错过了，灵活的现场应变能力能帮助摄像最大限度地捕捉到最有价值的信息。只有高综合素质的摄像才能拍摄出高水平的电视节目。

五、播音员、主持人

播音员是指广播电台、电视台中主要从事播音工作的专业人员，其主要工作是播发文字稿件。播音员的工作范围比主持人小得多，一般只在消息类的新闻栏目中进行串联播报，例如《新闻联播》、《晚间新闻》等。播音员播音时必须客观，可以声情并茂地播读稿件，但不能带有自己的主观评价。

主持人是指在广播电视节目中，以个体行为出现，代表群体观念，以有声语言为主干或主线驾驭节目进程，直接面向受众，平等进行传播的人。[①] 我国最早使用"主持人"一词的是中央电视台创办的《观察与思考》栏目，1980 年 7 月 12 日，该栏目正式打出"主持人"字幕，推出了我国真正意义上的新闻节目主持人。之后，随着电视节目的不断增多和受众接受信息要求的提高，主持人逐渐成为电视节目中必不可少的元素，活跃在各种类型的电视节目中。主持人的出现增加了电视节目的亲和力和互动性，受众不再被动地接受信息，而可以与主持人进行交流、与节目进行交流。

主持人的参与极大地丰富了节目的样式，提升了传播效果。在整个节目过程中，主持人组织、串联着节目的内容，增强了节目的整体感和灵活性；分析评价相关的问题，增强了节目的深度；另外，主持人对节目进程的控制和把握使得节目完整而流畅。

主持人是广播机构的代言人，一个优秀的主持人往往会受到很多观众的喜爱，产生明星效应，可以提高节目的知名度；反过来，有知名度的节目也会带动主持人的知名度。现在有很多节目都往主持人品牌节目发展，例如《鲁豫有约》、《杨澜访谈录》、《可凡倾听》、《壹周立波秀》等。还有一些观众熟知的电视节目，特别是综艺节目，像《快乐大本营》、《我爱记歌词》等，主持人都成了观众追捧的明星。明星主持人已成为当今主持人的发展趋势。

---

① 赵玉明，王福顺. 广播电视辞典. 北京：北京广播学院出版社，1999. 212.

第二节　广播电视节目的制作设备

一、节目摄录设备

（一）摄像机

摄像机即是拍摄图像的机器。我们现在所说的摄像机几乎都是摄录一体的数字摄像机，它的工作原理是将光学镜头所摄取到的光信号转变为电信号，经过复杂的电路处理后再用磁带、光盘等存储介质记录下来。直播过程则是直接将电信号传输出去。

1. 摄像机的发展

最早的摄像机是诞生于 20 世纪 30 年代的模拟摄像机。模拟摄像机采用电子真空摄像管作为摄像器件，信号的处理都采用电子管电路。早期的摄像机体积大、耗电多、成本高，随着技术的发展，模拟摄像机在体积、重量、性能等方面也都有所进步，但没有重大突破。

直至 1975 年 JVA 公司推出了家用型 VHS 摄像机，简化了摄像机的功能和操作，才使得摄像机的发展有了一个新的突破。随后 1982 年，JVA 又研发了 VHS－C 摄像机和 S－VHS－C 摄像机，在 VHS 摄像机的基础上大大减小了体积。[1] 从 20 世纪 80 年代初开始，摄像技术得到迅猛发展，先后出现了单管彩色摄像机、三管彩色摄像机、CCD 板式摄像机。到 1989 年，松下公司又在 CCD 器件的基础上研制出数字摄像机，标志着摄像机开始向数字方向发展，开辟了摄像机发展的新纪元。

20 世纪 90 年代完全意义上的数字摄像机出现，由于用 CCD 代替摄像管作为广电转换器件，摄像机的体积大大缩小，再加上新格式小型数字录像单元的出现，摄像机开始走向摄录一体化的发展。1998 年，第一部 DV 数码摄像机问世。随着技术

---

[1]　董从斌，于援东. 影视节目制作技术简明教程. 北京：清华大学出版社，2010. 3.

的进步，数字摄像机也慢慢从标清发展到了现今的高清。

2. 摄像机的分类

摄像机的种类繁多，应用广泛，可以从多个方面进行分类。

（1）按用途不同可以将摄像机分为广播电视用、特殊用途和家用摄像机。广播电视摄像机主要应用于广播电视系统，图像质量好、性能指标高，但体积大，价格也昂贵；特殊用途摄像机主要用于工业、交通、医疗、安全监控和航天探测等领域，体积小、价格便宜，但各种性能指标都不如广播电视用摄像机，往往具有一些特殊功能，如耐高温、防水、防震、对红外线敏感等；家用摄像机轻便、灵活、价格低，但图像质量差，主要用于非专业需要的拍摄。

（2）按摄像器件不同可以将摄像机分为摄像管摄像机和固体摄像机。摄像管摄像机以摄像管作为摄像器件，利用氧化铅、硒砷碲等光敏材料的作用和电子束的扫描实现光电转换，体积比较大。固体摄像机以半导体器件作为摄像器件，利用 CCD（电荷耦合器件）、CID（电荷注入器件）等半导体材料的光电特性和时钟脉冲的驱动作用实现光电转换，体积小、耗电少。现在又出现了 CMOS 器件，在不久的将来，它会代替 CCD 成为主要的光电转换器件。

（3）按摄像器件数量不同可以将摄像机分为三片、两片和单片摄像机。三片摄像机采用三个 CCD 芯片，分别产生出红、绿、蓝三个基色信号，图像质量高、色彩还原好、清晰度与噪音比高，但体积大、价格高，主要用于广播电视级和专业级摄像机；两片摄像机是单片摄像机到三片摄像机的一个过渡机型，图像质量差、价格高，目前很少使用；单片摄像机采用一个 CCD 芯片，用特殊的方法产生出红、绿、蓝三个基色信号，结构简单、体积小、图像质量一般，主要用于监控系统及家庭娱乐。

（4）按节目制作方式的不同可以将摄像机分为演播室（ESP）用、电子现场制作（EFP）用和电子新闻采集（ENG）用摄像机。ESP 用摄像机图像质量、清晰度、信噪比都是最好的，体积也相对较大；EFP 用摄像机各性能指标都低于 ESP 用摄像机，主要用于现场直播或录播；ENG 用摄像机轻巧便携、操作简单，用于电视新闻的拍摄。

（5）按储存介质的不同可以将摄像机分磁带记录式、硬盘记录式、光盘记录式和存储卡记录式摄像机。

（二）录像机

录像机是以磁带、光盘或储存卡为存储介质对视频信号进行记录、存储和重放的设备。最常用的是磁带录像机。

1. 录像机的发展

早期录像机也是采用模拟技术。1956 年，美国安培公司制造了第一部采用磁带记录的录像机 VR－1000，它内置四个磁头，要通过旋转磁头的方式将影像记录在磁带上，既能直播又能重播，为后期编辑和长久保存提供了可能，大大提高了节目的质量。

1970 年，日本松下、索尼等公司联合制定了两次头螺旋扫描 U-matic 型盒式磁带录像机的标准，生产出 3/4 英寸盒式录像机，开创了专业用相机的新时代。① 到 70 年代中后期又出现 1 英寸磁带螺旋扫描录像机，成为当时电视台制作电视剧等重要节目的主要机型。

20 世纪 80 年代，更小型的 8mm 宽磁带的家用级录像机问世，被广泛地应用到摄录一体机的领域。1982 年，日本索尼公司又研制出了使用 1/2 英寸盒式磁带的模拟分量录像机。其图像质量高，在 ENG 制作中应用广泛，具有代表性的格式是索尼的 BetacamSP 和松下的 MⅡ。

随着摄录像技术的发展，数字设备逐渐代替模拟设备，出现数字磁带录像机。1986 年，出现了第一台广播级数字磁带录像机 D1。随后，又出现了 D2、D3、D5、D6、数字 Betacam、数字高清磁带录像机。它们使用的都是 3/4 或 1/2 英寸的磁带。

20 世纪 90 年代以后，非广播用的录像机也开始实现数字化，出现了摄录一体的 1/4 英寸磁带的 DV 数码磁带摄像机，适用于家庭。近几年，在 DV 录像技术的基础上又研制出 1/4 英寸磁带的 DVCAM 和 DVCPRO 专业数字录像机，轻巧便携，广泛应用于新闻采访中。

---

① 孟群. 电视数字制作技术. 北京：北京师范大学出版社，2003. 164.

2. 录像机的分类

录像机的种类很多，格式也多种多样，很难统一。

（1）按照性能的不同可以将录像机分为广播级、专业级和家用级录像机。广播级录像机主要用于广播电视领域，是高层次的产品，其录放图像的质量和其他性能都很高，价格也相对高。主要包括记录格式为数字 Betacam、Betacam – SX、DVCPRO50、Digital – S 的复合广播级标准的数字录像机和记录格式为 DVCPRO HD、HDCAM 的可实现 HD SDI 高清和 SDI 标清信号输送的数字高清录像机。专业级主要用于电化教学、工业生产、医疗卫生等非广播领域，其质量及性能都低于广播级录像机，价格稍便宜，主要记录格式有 DVCPRO25 和 DVCAM 等。家用级录像机档次较低，适用于家庭娱乐，小巧轻便、操作简单、价格低廉，受到家庭的广泛喜爱。

（2）按照信号处理方式的不同可以将录像机分模拟分量、模拟复合、数字分量和数字复合录像机。前两种录像机录放的是模拟信号，后两种录像机录放的是数字信号。分量录像机与复合录像机的区别在于：分量录像机的工作原理是其中的光度信号和色度信号分别在各自的通道中进行处理再用各自的磁头进行录放；而复合录像机的工作原理是其中的光度信号和色度信号复合到一起进行处理再用一个磁头进行录放。

（3）按照磁带宽度的不同可以将录像机分 2 英寸、1 英寸、3/4 英寸、1/2 英寸、8mm 以及 1/4 英寸录像机。目前，电视台在进行节目制作和播出中使用的最多的是 1/2 英寸的数字录像机。

（三）其他设备

在拍摄过程中，除了用于摄取、记录画面的摄像机和录像机设备外，还有其他一些用来辅助拍摄工作的设备，正是这各种设备的结合才为我们的电视节目增添了丰富多彩的画面和效果。这些辅助设备主要有：

1. 话筒

拾音设备，摄像机的前后面板都各有话筒输入接口，通过话筒拾取到的音频信号就被录制到磁带上。

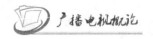

2．三脚架

用于支撑摄像机的设备，保证摄像机的固定以拍摄出稳定的画面。专业的三脚架都配备有伸展固定器和一根中柱，用来锁定支脚张开的角度和升降摄像机。三脚架的顶圈处有一个气泡，用来确定三脚架水平与否。

3．云台

云台是三脚架的重要部件之一，用于摄像机和三脚架的连接。它有助于迅速安全地安装和拆卸摄像机，并使镜头的摇摆和俯仰运动连贯顺畅。

4．吊臂

用于固定高空中的摄像机，拍摄出俯视的镜头，一般用于演播室节目的拍摄。

5．灯具

灯具是用来调节拍摄画面的亮度与色彩度的设备，主要包括聚光灯和散射灯。聚光灯能产生轮廓清晰、定向的光束，照亮一个特定的区域，造成照明快减的效果。散射灯产生全面的、无方向的照明，能制造出比较透明的阴影。

二、节目编辑设备

（一）线性编辑系统

线性编辑系统是指必须按照一定顺序存取和编辑素材的编辑系统，通常是指磁带编辑系统。编辑时对素材的查找只能沿着磁带方向顺序进行，而磁带只能由一端走到另一端，无法跳到任意的位置，所以只能进行"线性"编辑。

线性编辑系统的要件主要包括磁带、编辑录像机和编辑控制器。

1．线性编辑系统的分类

（1）一对一编辑系统。一对一编辑系统是最普遍、最常见的电视编辑系统。这种编辑系统简单实用，由一台放像机、一台录像机、两台监视器以及一台编辑控制器组成。当放像机中的磁带运行到素材的编辑入点时，录像机就开始从入点录像，到出点停止。需要注意的是，一对一编辑系统的画面组接只能采用切换方式，很难实现特技效果。

（2）二对一编辑系统。二对一编辑系统也称 A/B 带编辑系统，是由两台放像机、一台录像机、一台编辑控制器以及一台特技机组成。两台放像机的输出信号传送到特技机，再由特技机传送到录像机进行录制。二对一编辑系统可以将两台放像机的输出信号进行切换编辑，还能通过特技机实现画面的各种特技效果。

（3）多机编辑系统。多机编辑系统是由两台以上放像机和一台录像机组成的电子编辑系统。多机编辑系统的自动编辑性能高，在进行画面编辑的同时还能同时编辑声音。通过设置一定的编辑程序就能自动搜索、编辑声音和画面的入点、出点，还可以通过外设的视频切换台和调音台来控制制作声音和画面的特技效果，但其操作比较复杂，一般需要专业人员来操作。

2．线性编辑的方式

线性编辑有两种工作方式，即组合编辑和插入编辑。

（1）组合编辑。组合编辑是指在磁带上一段素材节目结束之后再接上另一段新的素材节目。在这种编辑方式中，声音和图像信号可以单独进行编辑。要注意的是，操作时要在录像机端现有素材的结束端选择一个入点，在放像机端待编的素材内确定一个节目开始的入点和一个节目结束的出点。

（2）插入编辑。插入编辑是指在编好的一段节目素材中间插入一段新的素材内容，而插入地方原有的素材则被抹去。在这种编辑方式中，声音和图像信号必须同时进行编辑。而插入的新节目素材与原节目素材间的连接点成为编辑点。插入编辑每操作一次就会有编辑入点和编辑出点两个编辑点，这两个编辑点必须保持信号相位的连续。插入编辑是在已编号的节目段落中进行编辑，但不能改变原有节目的长度，因此适用于对已编辑的节目素材进行局部修改。

（二）非线性编辑系统

非线性编辑系统是基于计算机的数字音像素材后期制作系统，其技术构成是基于计算机的数据处理和文件管理技术、基于盘基记录方式的随机存取与检索技术以及数字视音频处理等多媒体技术。[①] 非线性编辑的概念是相对于传统的线性编辑提

---

① 董从斌，于援东．影视节目制作技术简明教程．北京：清华大学出版社，2010．266．

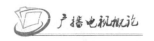

出来的。

1. 非线性编辑系统的构成

（1）高性能计算机平台。高性能的计算机平台能提高工作的稳定性，使整个系统的工作状态良好，非线性编辑系统多采用高性能的计算机作为平台，用来完成数据存储、实现人机界面管理、音视频软件的控制以及编辑软件的运行等任务。

（2）视频和音频专用软件。视频和音频专用软件是指用于采集、处理音视频数据的附加硬件部分，包括音频和视频的接口、音频视频的模拟与数字的转换、压缩和解压数据以及数字视频特技等功能板块。

（3）媒体数据存储与传输系统。媒体数据存储即大容量的磁盘存储单元，用于存储音频视频数据。传输系统可用于编辑计算机和存储介质之间大容量的数据高速存储与提取。

（4）非线性编辑软件。非线性软件由多种不同功能的模块和相应的操作界面组成。这些模块包括：

①编辑工作区：运用时间线、音频轨、视频轨、特技轨完成素材的编辑，添加特技处理并合成。

②项目素材管理区：以图表显示的素材库，注明了每段素材的信息，如名称、卷标、时间长度、压缩格式等信息。

③编辑预视区：用于检查编辑后的视频效果。

④工具栏：以工具图标的形式显示出，提供编辑过程中所需要的各种工具。

像索贝、大洋等非线性编辑软件都属于专业的编辑软件，一般电视台都使用这类软件。

（5）外围设备和控制接口。外围设备和控制接口包括音频、视频的信号源，监听监视和检测设备，节目输出设备，相应的遥控接口等，如记录节目的数字录像机、检查节目效果的视频监视器、监听音箱、示波器等。

2. 非线性编辑系统的分类

（1）按计算机平台类型分可分为 PC 机平台、MAC 机平台和工作站平台系统。PC 机平台系统即以 Inter 及其兼容的芯片为核心，以微软的操作系统为平台软件，此平台系统性价比高、更新换代快，应用十分普遍；MAC 机平台系统以苹果公司的 CPU 芯片和操作系统为工作平台，性能良好，但其计算机和操作系统在国内应用不是很广泛，不利于维修和更新；工作站平台系统即以 SGI 的图形工作站为工作平台，属于高端产品，各种性能都很好，因此价格也非常昂贵。

（2）按节目制作目的标准可分为数字电影制作系统、高清电视制作系统、标清电视制作系统和多媒体视频制作系统。其划分标准为节目制作的分辨率。

（3）按制作实效可分为实时生成型和非实时生成型系统。实时生成型系统应用了专用视频硬件技术，可加速视频数据的运算处理，不需生成运算等待，节约了节目合成时间；非实时生成型系统则依靠计算机硬件平台和编辑软件来进行视频数据的运算处理，节目合成要在生成运算后才能进行。

（4）按编辑模式可分为时间线编辑和树状编辑模式。时间线编辑模式是基于时间线、音视频轨的编辑结构，如 Adobe 公司的 Premier Pro CS3 就是时间线编辑模式；树状编辑模式是基于节点图和事件的编辑结构，如 Autodesk 公司的 Somk 的编辑模式。

第三节　广播电视节目的生产流程

广播电视节目的生产流程大致可以分为前期准备、拍摄录制和后期的编辑加工处理三个阶段。

一、前期准备

一个好的节目从最初构思到最后的成品需要很多的投入并做大量的工作。因此前期准备很重要，只有前期准备充分，后期的拍摄和编辑才能更顺畅、更有效率。前期准备工作一般包括：策划、报批和申请资金、确定相关的工作人员以及布景踩点等。

（一）策划

电视节目策划是一个以观众为出发点，以节目为产品，以提高收视率进而获得社会效益和经济效益为目的的媒体运作过程，是对电视节目创制的预测和控制的过程。①

电视节目策划工作主要包括以下几个方面：

（1）对受众进行调查分析，确定目标受众。

（2）进行节目构思，确定节目名称和主题，并搜集相关资料。

（3）具体落实拍摄内容，完成节目脚本并写出分镜头方案。

（4）拟订拍摄方案，即拍摄所需时间、费用、摄制的形式等。

（二）报批和申请资金

报批和申请资金的成功与否关系到节目的存亡。策划书完成之后，要提交给相关负责人进行报批，一般是由更高一层的节目审批人员对节目策划书的可行性进行审查，如节目的主题是否明确、有意义，内容是否有吸引力，预算是否合理等。审查通过了才能继续下面的工作。

资金是节目制作的保证，其来源有多种，一般是电台的节目制作资金或是广告商的赞助资金。申请资金是一项复杂的工作，一般由制作人负责。资金落实后，节目才算真正落实下来。

（三）确定工作人员

电视节目的工作人员既多又杂，除了导演、主持人、记者、编辑外，还有制片人、摄像师、录音师、灯光师、化妆师、服装师、场务等。他们共同组成一个节目拍摄的团队，制片人就相当于是他们的队长。相关人员确定后，就需要明确每个工作人员的职责，即摄像师负责摄像、录音师负责录音等。每个工作人员除了要了解自己的工作外，还要熟悉和掌握整个节目内容，以便在工作时能积极配合其他人的工作，这样既能营造良好的工作环境氛围又能提高工作效率。

---

① 黄会林，彭吉象，张同道，陈旭光，周安华. 电视学导论. 北京：高等教育出版社，2008. 132.

（四）布景和踩点

布景也叫内景，是指在摄影棚或演播室内对拍摄场景的布置，例如在春晚演播室中舞台、灯光、音响、服装、道具的布置等。布景用于需要在特定的空间里进行创作的节目，能给节目带来精彩的画面和理想的效果。但布景的费用也相当高，也无法多次利用，所以现在很多节目都采用电脑技术来布置场景，虚拟演播室摄制，以节约录制成本。

踩点是指拍摄之前对需要拍摄的场景进行实地考察，以获得实地场景的信息，选取最佳拍摄角度。实际拍摄时就可以根据踩点获取的信息迅速定位，节约工作时间和提高工作效率。

二、拍摄录制

拍摄录制是指将文本内容运用摄像机的拍摄转变成视觉画面并记录到磁带、储存卡等存储介质上。拍摄录制是电视节目制作过程中最关键的环节，是后期编辑和编排的基础。

在大型节目的拍摄过程中，导演成为中心，负责现场的调度和指挥。摄制组成员则要按照分镜头稿本的要求去展开各自的工作，同时还要听从导演的调遣与其他工作人员相互协调配合，共同完成节目声音和画面的摄录工作。而新闻的拍摄则一般只有摄像记者一个人完成。

画面是电视节目传播信息的主要元素。因此，在拍摄过程中，画面的美观与稳定以及画面的镜头语言都十分重要。下面主要介绍画面拍摄的基本要求和画面镜头语言的基本拍摄方法。

（一）拍摄的基本要求

摄像人员必须掌握一些基本的拍摄要领才能拍出优质的画面，拍摄要领主要有：稳、平、清、准、匀。

（1）稳——就是镜头要稳定，消除不必要的晃动。

（2）平——是指从寻像器中看到的景物要横平竖直。

（3）清——是要保证画面清晰，主要是画面的主体物要清晰。

（4）准——是指根据文本要求摄取特定的景物、画面，明确地表现出创作者要表达的内容。

（5）匀——是指拍摄画面时，摄像机镜头运动的速度要均匀，使画面的节奏符合正常视觉规律。

（二）固定拍摄

固定拍摄又叫"固定镜头"，是指摄像机的机身和机位都固定后进行的拍摄。[①]拍摄的画面根据摄影机的拍摄方向、高度和距离而不同。

（1）从拍摄方向来看，有正面、侧面、斜侧和背面画面。

（2）从拍摄高度来看，有平视、俯视、仰视画面。

（3）从拍摄距离来看，有远景、全景、中景、近景、特写画面。

固定拍摄方向、高度、距离的变化可以产生多种构图，丰富了画面的语言和造型。

（三）运动拍摄

运动拍摄又叫"移动拍摄"，是指摄像机在推、拉、摇、移、跟、升降、旋转等各种形式的运动中进行的拍摄。[②]

（1）推、拉——推镜头和拉镜头是摄像机沿着光轴方向前后运动的拍摄。推镜头是向前运动，画面效果表现为拍摄对象由远至近，通常用于强调拍摄对象；拉镜头是向后运动，其画面效果是被摄主体逐渐远离，既可表现落寞的场面，也可用于意味深长的联想。

（2）摇——摇镜头是指摄像机位置固定，机身上下左右运动的拍摄。摇镜头能够逐一展示、逐渐扩展景物，产生巡视环境、展示规模的视觉效果。对人物的摇摄可以突出人物行动的目的。

（3）移——移镜头是指摄像机沿着水平的各个方向移动的拍摄。移镜头在拍摄

---

①② 黄会林，彭吉象，张同道，陈旭光，周安华. 电视学导论. 北京：高等教育出版社，2008. 135.

过程中将人物和景物交织到一起，能够产生强烈的动态感和节奏感。

（4）跟——跟镜头是指摄像机跟随运动对象（持机移动）的拍摄。跟镜头由于摄像机的移动，其视点也不断移动，在突出运动主体的同时也展现了运动主体与环境的关系。

三、编辑加工

电视节目的编辑即对摄录好的音频、视频素材进行剪辑、删选、组接，最后合成所需的节目内容。电视节目的编辑包括对音频的编辑和对视频的编辑。

（一）音频的编辑

1. 语言的编辑

电视节目中的语言可以分为解说声和同期声。对声音的剪辑不能切话，即剪辑出来的声音要是一句完整的话而不能只有一半，在组接时也要注意话语的连贯自然，其因果顺序、转折关系要正确。

解说声在电视节目中只是画面的辅助，是对画面的解说，解说声不能出现得过多过满，这样会干扰观众对画面信息的理解和吸收。一般在新闻节目中，都是画面比声音先出来，由画面引出声音，再由声音对画面进行解说。

同期声是指拍摄过程中采访对象的讲话声和背景声。同期声是对事实的陈述，在交代事件的背景和气氛的同时还能增强节目的真实感与现场感。因此，同期声的剪辑组合除了要声画合一外，还要连贯自然，同时还要注意其话语的简短精练，即用尽量简短的话陈述事件或对事件的看法。

2. 音响、音乐的编辑

音响在电视语言中是表达真实的，音乐则是表达情感的。

对音响的编辑要注意时间和音量两个方面。在时间上，音响可以先于画面，用音响引出画面，让观众对即将出现的画面有一个预感和准备；音响也可以延续到下一画面，这样即使画面转换了，其音响带动的氛围仍不变，可以使两个画面保持连贯。在音量上，音响要配合画面作渐强、渐弱或淡入淡出的处理。

电视节目中音乐是抒发情感的手段，能够感染观众。音乐是画面和语言的延伸，是为画面和语言服务的，作用是表达节目的主题思想、基调、情绪。所以音乐在电视节目中不要过多使用，尽量做到画龙点睛。在剪辑时，要注意音乐不能剪得太短太碎，要考虑音乐的节奏，乐段的出现、起伏与终止。音乐的出现和结束要听起来自然、顺畅。

（二）画面的编辑

画面的剪辑好坏关系到电视节目的质量，是电视节目成败最关键的因素。试想如果一个电视节目的解说词很生动，但画面剪辑得太差，会有多少人愿意看，即使看了也不会有高评价。画面的剪辑主要需要关注的是剪接点和镜头组接。

1．剪接点的确定

剪接点即镜头之间的连接点。只有选择正确的剪接点才可以保持画面的自然流畅，表达一个连续完整的动作或思想。剪接点主要包括以下几个方面：

（1）内容剪接点——以画面的内容的起、承、转、合以及画面内容的内在节奏为依据进行剪辑。

（2）动作剪接点——以画面主体动作的开始、进行中的方向改变或终止点作为剪接点。

（3）声音剪接点——以声音的开始、起伏、终止为参照因素进行剪辑。

（4）情绪剪接点——以人物的心理情绪为基础，选择能表达喜、怒、哀、乐等情绪的外在表情作为剪接点。

（5）节奏剪接点——以事件发展过程的节奏线为基础，根据运动或情绪的节奏选择剪接点。

2．镜头的组接

镜头的组接除了要符合人们的视觉习惯和思维规律，不能出现越轴的画面，还要能完整、准确地表现节目主题，交代节目内容。

镜头组接的方法主要有：

（1）固定镜头与固定镜头的组接。该镜头组接包括静接静、动接动，即一个主体的有一个从远处走近的镜头和一个站定的镜头。如果走近的镜头在前，站定的镜头在后，则将走近镜头中由动到静的瞬间作为剪辑点，再接站定的镜头；反之，则将站定的镜头由静到动的瞬间作为剪辑点，再接走近的镜头。

（2）固定镜头与运动镜头的组接。如果固定镜头在前运动镜头在后，留出运动镜头开始前的起幅画面接在固定画面之后；反之，则要留出运动镜头结束后的落幅画面接固定镜头。

（3）运动镜头与运动镜头的组接。要注意组接在一起的两个镜头，其运动方向要一致。比如第一个镜头是从右至左摇，那么后一个镜头最好是从左至右摇。

此外，在剪辑中还要注意画面与声音的统一。

音频和画面都剪辑连接好后，根据节目的需要还可以为画面加上一些特效，然后配上字幕就可以进行混录合成。

第四节　广播电视节目的制作手段

电视节目的制作手段主要有三类，即实况直播、电视影片制作和录像制作。

一、实况直播

实况直播（Live）是指摄录图像、声音的同时将其转化成信号迅速地播出，达到现场与电视屏幕同步的效果。其操作方法是媒体用转播车、微波转播机等设备在现场对现场情况进行拍摄录制，然后利用微波等传输渠道把这些信息通过卫星传至电视台，电视台随即将这些画面、声音信息播出。由于技术的不断提高，摄录信息的传输时间已被大大缩短，同步相差只有几秒，如广州亚运开幕式现场的烟花场景与电视中播放的烟花场景只相差 5 秒左右。

实况直播的特点是制作和播出两个过程同步，不仅增强了电视的时效性，还带给观众强烈的现场感，给观众一种身临其境的感觉。除此之外，在制作的过程中，实况直播不需要对节目进行编辑，它的真实性、透明性和动态性大大提高了，更符

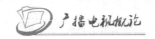

合现代受众信息接受心理的需求。这就是为什么实况直播受到电视台青睐和重视的原因。

实况直播按照节目制作的场地又可划分为现场直播和演播室直播。

（一）现场直播

电视节目现场直播主要用于重大事件和重要活动的报道。电视由于其画面的视觉冲击而更受观众的喜爱，因此电视现场直播远比广播现场直播受欢迎。近年来，国内各电视台对现场直播的运用已经越来越成熟。从中央电视台对香港、澳门回归的直播到北京申奥的现场直播、凤凰卫视对"9·11事件"的现场直播再到中央电视台对"北京奥运会""60周年国庆"的直播，我国不断提高的直播水平不仅让世界看到了我们技术的进步，也让世界看到了中国蓬勃发展的新面貌。

随着电视技术的不断提高，现场直播的节目制作方式已逐渐应用到日常的新闻节目中，记者连线是最普遍的方式。例如陕西一套的《第一新闻》连线记者现场直播洪水灾害地区的状况、对轻生者的营救过程等。现场直播依其形声同步的传播特性满足了电视观众"先睹为快"的视听心理需求，成为新闻媒体新闻报道的制胜武器。

除此之外，大型的"媒介事件"也会采取现场直播的方式进行播出。宾夕法尼亚大学教授丹尼尔·戴扬认为媒介事件是"对电视的节日性收看，即关于那些令国人乃至世界人屏息驻足的电视直播的历史事件"，即媒体对某一重大事件进行精心的策划、设计、制作，然后"邀请"观众来观看，并形成受众在某一段时间内对电视进行节日性的、集中性的收看。[1] 我们所熟悉的奥运会、世界杯就是这样的媒介事件。

（二）演播室直播

演播室直播即在特定的场景中对事件进行直播，这种方式多应用于常规新闻、综艺节目、大型晚会、益智类节目中。

1996年元旦，《新闻联播》由录播改为直播，直播的采用使得截稿时间从播出

---

① 吴玉玲. 广播电视概论. 北京：中国传媒大学出版社，2007．198.

前的两三个小时推迟到播出前的几分钟，不仅加强了新闻的时效性，还可以插播刚制作好的新闻，体现新闻的动态性。之后电视新闻开始适应这种能够突出电视新闻报道快捷的播出方式。目前，从中央电视台到各地方电视台，新闻节目都在实行改革和突破，逐渐实现固定时段的新闻栏目及正点滚动新闻播出的直播化。①

综艺晚会类的节目如中央电视台的"春节联欢晚会"就是一个典型的演播室直播节目，通过直播观众可以深切地感受到节日的气氛，还可以以电话、短信、网络留言等方式参与其中，在互动中一起享受晚会的欢乐。另外，现场观众的参与是另一种更直接的互动，他们可以通过回应问题、游戏等互动形式参与到晚会当中，实现了传者与受众的双重传播。

二、电视影片制作

电视影片制作就是采用拍电影的胶片来摄制电视节目。20 世纪 70 年代以前，电视节目的摄制大都是用 16 毫米电影摄像机制作的。② 电影摄像机拍摄方便灵活，还可以单人操作，最重要的是电影胶片可以长期保存影像资料，这些优点使其优于直播方式。

但这种制作方式也存在一些缺点，如摄影录音是分开进行的，声音制作大部分靠后期配音，节目的声画在编辑过程中很难同步，新闻节目只能大量配合画面解说播出，新闻的现场感和时效性也就大大降低了。此外，电影和电视的信号储存方式不同，将影片拍摄的信号转换成电视信号播出的过程中，信号会有一定的损耗。

不过，电影摄像设备仍有一些电视摄像机达不到的优势，如电影胶片的图像清晰度很高，即使是现在的高清晰度电视也没有胶片那种精细的分辨率和层次。所以即使录像制作技术已普及，在制作一些大型节目、纪录片以及要求较高的广告时，影片制作手段仍成为首选。

---

① 石长顺. 当代电视实务教程. 上海：复旦大学出版社，2009. 266.
② 吴玉玲. 广播电视概论. 北京：中国传媒大学出版社，2007. 204.

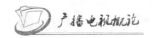
三、录像制作

录像制作是采用摄像机拍摄,将图像和声音记录在磁带录像机上的电视节目制作方式。也就是说,节目的录制和播出不是同步的,其流程是先将节目的实况录在磁带上但不进行实况播出,过后再选择一个合适的时间播出。从某种意义上说,它就是实况直播的延时播出,比实况直播多了一个工作程序——后期编辑制作。这一般用于对时效性要求不高的节目,在后期编辑中,录像制作可以对录制时存在的问题作一些修改、删除或添加一些元素使节目更加完善。

与影片制作相比,录像制作方式的优点是声画同步,编辑时可以组合原始的声画信号,也可以插入新的声音或图像信号,这就大大提高了编辑操作性。另外,录像磁带可以反复使用,能够节约制作成本。除了磁带录像系统外,还有光盘、磁盘等制作系统以及计算机制作系统。

现在很多节目都采用多期集中录制、集中编辑的方法,以降低制作过程中的各种费用。如《鲁豫有约》、《天天向上》、《快乐大本营》等节目都是集中录制几期带状节目,等到播出的时间再直接播出。这种方式有效地利用了各种人力、物力、财力。但一次录多期节目,由于工作人员和主持人的精力的耗损,可能会对后来录制的节目质量有所影响,这就要求节目录制的工作人员合理调整、安排自己的时间和精力了。

第四章　广播电视节目的基本类型

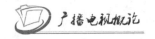

第一节　广播电视节目概述

《中外广播电视百科全书》中对广播电视节目的定义是这样的：广播电视节目是电台、电视台各种播出内容的最终组织形式和播出形式，也是电台、电视台和其他广播电视节目制作的供播出或交流的具有完整内容的广播电视作品。

我们也可以这样理解，广播电视节目占据一定的时间，在特定的时间段里面依靠现代电子技术，将涵盖了具体内容的、传达一定信息的声音或视频片断呈现给受众，从而实现特定的功能。

广播电视节目的传播具有以下这些特点：

一、速度快，时效性强

广播电视节目中，信息的传送与接收几乎在同一时间完成，尤其是同步卫星的使用，使得全球范围内的通讯更加便捷，无论是突发事件的报道还是大型文艺节目的同步直播，都可以通过发达的通讯手段快速地传到人们的耳朵里，呈现在电视屏幕上。比起报纸，广播和电视在这一点上可以说是占尽了优势。

二、覆盖范围广

广播电视的节目讯号传播起来不仅速度快、时效性强，更重要的是覆盖的范围也十分广泛。它不受地理因素的局限，可以传送到世界各地，只要是有广播，有电视，有接收装置的地方，都可以接收到。进入 21 世纪第二个十年，广播电视的信号基本覆盖到地球的每一个角落。全球范围内的受众借由这些畅行无阻的信息，一起感受着世界的发展与变化。

三、受众广泛

广播和电视的普及程度高，比起报纸和网络，更加贴近群众的日常生活。广播具有伴随性，单靠声音媒介传达信息，不论受众拥有何种文化程度和教育背景，都可以随时随地收听。而电视则拥有更加直观的画面优势，直接诉诸受众的听觉和视觉，声画结合的传播无障碍性让电视的受众极为广泛。

广播电视节目依靠频率和频道来播出，每个频率或频道都承载一定时长的节目内容，这些节目按照时间顺序播映，有的频率和频道以播映内容相关的节目为主，有的则是综合播映各种内容的节目，比如中央电视台一套综合频道，日常就播出电视剧、新闻节目、生活信息节目、文艺节目等，而中央电视台戏曲频道就主要播映与戏曲内容相关的节目。下面，我们就截取 2011 年 2 月 28 日中央电视台一套、云南卫视以及付费数字电视中的摄影频道节目预告单，对现今电视上播出的节目概览一下，以进一步了解电视节目。

以下是中央电视台一套综合频道 2011 年 2 月 28 日的节目预告：

节目播出时间	时长（分）	节目名称
04：00：00	6	电视剧：绝密押运（15）
04：06：55	50	国际艺苑：2011－5
04：56：55	28	今日说法：以案说法：2011－58
05：26：55	30	人与自然：探秘自然：2010－125
06：00：00	9	天天饮食：2011－59
06：10：00	12	焦点访谈：用事实说话
06：24：30	30	新闻联播
07：00：00	90	朝闻天下
08：35：00	43	生活早参考：2011－20
09：22：00	49	电视剧：亮剑（21）

（续上表）

节目播出时间	时长（分）	节目名称
10:15:00	49	电视剧：亮剑(22)
11:06:00	49	电视剧：亮剑(23)
12:00:00	30	新闻30分
12:35:00	30	今日说法：以案说法：2011-59
13:10:00	31	看见：2011-20
13:45:00	49	电视剧：野鸭子(13)
14:37:00	49	电视剧：野鸭子(14)
15:28:00	49	电视剧：野鸭子(15)
16:22:00	20	人口：揭示生命奥秘：2011-3
16:43:00	20	中华民族：2011-3
17:06:00	51	第一动画乐园：2011-59
18:02:00	53	国际艺苑：2011-6
19:00:00	38	新闻联播
19:38:00	12	焦点访谈：用事实说话
19:50:30	4	身边的感动212
20:00:00	45	电视剧：幸福来敲门(17)
20:51:00	43	电视剧：幸福来敲门(18)
21:41:30	10	精彩一刻：2011-54
22:00:00	22	晚间新闻
22:28:00	49	电视剧：星火(25)
23:20:00	49	电视剧：星火(26)
00:14:00	30	动物世界：2011-49
00:47:00	54	国际艺苑：2011-6
01:47:00	46	电视剧：绝密押运(16)
02:34:00	46	电视剧：绝密押运(17)
03:21:00	39	电视剧：绝密押运(18)

接下来是云南卫视同一天的节目预告：

节目播出时间	节目名称
8:55	电视剧：锄奸（19－21）
11:30	养生汇
12:00	旅游新时空
12:40	电视剧：烈火雄心（三）（24－29）
13:00	旅游大不同
13:14	电视剧
15:55	电视剧
17:45	音乐集结号
18:06	自然密码
19:00	新闻联播
19:34	电视剧：中国远征军（13、14）
21:29	锄奸（22－24）
23:30	新视野
23:10	经典人文地理
00:29	电视剧：民国往事（25－27）

以下是数字付费电视中摄影频道 2011 年 2 月 28 日的节目预告单：

节目播出时间	节目名称
08:00	中国摄影报道
08:10	纪实60分
09:10	器材点评堂
09:40	影像课堂
10:00	发现贵州
10:40	动漫之旅

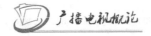

（续上表）

节目播出时间	节目名称
11:40	天下父母
12:55	行摄天下
13:30	影像课堂
13:55	纪实60分
15:00	器材点评堂
15:45	天下父母
16:25	国学讲堂
17:20	天下父母
18:30	动漫之旅
19:00	中国博物馆
19:30	中国摄影报道
19:40	行摄天下
20:00	影像课堂
20:30	器材点评堂
21:00	天下父母
21:50	纪实60分
23:21	影吧
01:05	行摄天下
01:23	中国摄影报道
01:33	器材点评堂
02:00	节目结束

自从广播电视诞生以来，人们已经渐渐习惯打开无线广播和电视，收听收看各种各样的节目。随着各级电台、电视台的成立，频率和频道的不断增加，节目样式的增多，可供受众选择的余地也越来越大，专门为广大受众提供播出节目信息的节

目也出现了，比如河北电视台的《电视桥》节目，这一档荧屏导视节目在当时创下了较高的收视率。而今，由于收看付费电视的受众越来越多，甚至也有了专门的导视频道。由中数传媒推出的"电视指南"频道就是我国第一个全国播出的导视频道，既可在数字电视中播出，也可在模拟电视中播出，它采用了美国家喻户晓的"TV GUIDE"频道概念，任务是"导游"数字付费电视。

虽然现在的电台、电视台在迎合受众的需求以及参与媒介之间竞争的过程中，出现了不少的专业的频率以及频道，比如摄影频道、中学生频道、高尔夫频道等，但是作为一种社会媒介，其基本功能依旧是"新闻传播、社会教育、文化娱乐、信息服务"[1]。因此，虽然广播电视节目花样百出，但按照功能来分的话，所有的节目都可以分成这几大类，那就是新闻性节目、教育性节目、文艺性节目和服务性节目。

经过几十年的发展，广播电视节目已经逐渐形成了一个庞大的"要素齐全、结构完善"[2]的比较完整的节目系统。为了满足不同年龄、不同性别、不同职业、不同文化程度的受众需求，产生了多种多样、丰富多彩的节目样式。像前文提到的，国内外比较通用的分法是将广播电视节目按照功能分为四个基本类型：新闻性节目、教育性节目、文艺性节目以及服务性节目。广播节目和电视节目虽然都是依靠电子技术设备进行传播，但由于二者的节目构成要素存在着本质的差别，所以我们将广播节目的基本类型和电视节目的基本类型分开来，用两个小节的篇幅来进行阐述。

第二节　广播节目的基本类型

广播用来传播的唯一媒介就是声音，即便如此，在电视、网络、智能手机等媒体相继出现以后，广播并未退出历史舞台，依旧继续发挥多种社会功能，为听众奉

---

① 宫承波. 广播电视概论. 北京：中国广播电视出版社，2009. 145.
② 宫承波. 广播电视概论. 北京：中国广播电视出版社，2009. 186.

献众多节目。由于传播介质的单一，反而使得广播节目的传播不受其他信息介质的干扰，具有直接、准确的特点，方便听众理解与接收。此外，在如今纷繁的影像扑面而来的多媒体时代，独特的声音魅力越发显得难能可贵，还能够使听众的想象自由地驰骋，这一点，其他视觉媒介往往无法比拟。由于广播媒介只通过声音这一渠道传递信息，因此解放了听众的手和眼，更加不受空间的限制，人们想把它带到哪儿收听就把它带到哪儿收听，具有很强的伴随性。下面我们就来具体说说这四种类型的广播节目。

一、新闻性节目

新闻性节目一直是信息时代各媒体的重头产品，是否能够用最快的速度报道出最生动、最详细的新闻，并且用最简洁的话语加以表达，常常成为各媒体之间竞争的关键。广播节目中的新闻产品具有极强的现场性，用声音传递出的信息带出强烈的现场氛围。历史上著名的广播记者爱德华·默罗就是因为开创了现场广播这一报道形式，成功地用 *This Is London* 这一战地实况报道节目奠定了自己在广播事业史上的重要地位。

以广东电台新闻台为例，2011 年 2 月 28 日，这一台的新闻节目就有晨间的转播节目《新闻和报纸摘要》，以及《早晨新闻》、《新闻时空》、《财经早班车》、《直播广东》等，基本上各个时段都安排几档新闻节目。随着数字技术的发展，广播节目也实现了多种用户终端播放的可能性，人们通过电脑、手机等数码平台可以随时收听感兴趣的节目。即便如此，广播新闻节目由于缺少画面这一有力的传播语言，比起能够清晰传达事件现场画面的电视新闻来说，相对弱势一些。因此，广播节目中最有特色的还数文艺节目。

二、文艺性节目

文艺性节目可以说是占了广播节目体系中的半壁江山。由于单纯依靠声音媒介传播，广播这一媒介就契合了诸如音乐、戏曲、评书、相声等文艺节目形式的传播特点，因此广播中的文艺节目通常是由这些内容组成。此外，还包括一些为了播出而特别制作的广播剧。文艺性节目的社会功能主要体现在为大众提供娱乐，放松身心，使广大受众在忙碌的工作学习之余能够获得审美享受。

目前，中央以及地方各级的广播台通常都设置有专门的文艺频道，也产生出一些脍炙人口的文艺节目，例如中央人民广播电台的《今晚八点半》、北京文艺广播的《小说连播》等。在众多文艺节目中，广播剧十分值得一提。20世纪30年代，一批戏剧家为宣传抗日写过广播剧，成为中国广播剧的先驱。1950年2月，中央人民广播电台录制并播放了中华人民共和国建立以后的第一部广播剧《一万块夹板》。1981年，广东台录制出了我国第一部立体声广播剧——《渔夫与金鱼的故事》。之后，广播剧剧目日益丰富。进入20世纪80年代以后，据不完全统计，每年制作的广播剧总数达500部。

三、教育性节目

教育性节目是我国广播节目中不可或缺的一部分，以传播科学文化知识、伦理、思想为目的，有助于推进社会精神文明建设，促进社会和谐。1949年9月1日，北平新华广播电台开办了《自然科学讲座》，这便是中央人民广播电台《科学知识》节目的前身。

教育性广播节目借助广播无远弗届的传播特点，实现了受教育者的广泛性、传递内容的多样性以及传授方式的多样性。

四、服务性节目

服务性节目实用性较强，与新闻、文艺、教育并立，通过传递信息，直接解决群众工作、生活上的实际问题，给人们提供具体的服务，为受众排忧解难。在我国人民电台初创时期，延安新华广播电台曾开设过《社会服务》和《信箱》，中央人

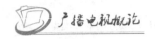

民广播电台也于1950年播出过《首都行情》和《听众服务时间》等节目。

服务性节目涵盖的范围比较广，天气预报、美食烹饪、美容保健、市场信息、股市行情、政风行风热线等都属于这一类型。

第三节 电视节目的基本类型

自从1958年我国第一座电视台——北京电视台成立以来，电视作为普通人都可以接触到的传播媒介，开始源源不断地为我们提供各种各样的节目样式，甚至改变了我们的生活方式和思维方式。一直以来，我们已经习惯了这样一种情境：一家人轻松地坐在客厅的沙发上，轻轻地摁下按钮和遥控器，感受大千世界的丰富多彩，体验身边迥然不同的人和事。我们被这个小小盒子里散发出的魔力光影所吸引，我们的情感和思想被带入电视节目中，我们的情绪甚至都随着电视屏幕上光影的变幻而起伏。"乱花渐欲迷人眼"，面对着许许多多不同风格的节目，我们会很自然地去寻求自己喜欢的节目类型，对于不同类型的节目我们都有着不同的评价，甚至于对同一类型的不同节目，每一个观众都会有其自身独到的见解。

笔者认为，我国电视业发展到今天，各电视台之间竞争越来越激烈，铆足了劲吸引观众的视线，节目样式越来越推陈出新，可以说是花样百出，叫人目不暇接。为了能够让读者对缤纷的荧屏有个大致的把握，能够对目前出现在电视上的节目有个粗浅的条理性认识，笔者将丰富多彩的电视节目进行了梳理，整理出几大类型，也希望在这种分类的基础上，能够多少看到一点各类型节目的将来走向，给广大读者描绘出一幅较为清晰的画卷。

和广播节目一样，电视节目也可以分为四大类型，但叫法上略有不同，分别是新闻资讯类电视节目、文艺娱乐类电视节目、教育类电视节目以及服务类电视节目。但每一种类型又可以再划分为几个小类。这几个小类都有着自己鲜明的特点，是电视荧屏上光彩照人的一笔。下面我们就针对每一种节目类型，依次作简要介绍。

一、新闻资讯类电视节目

虽然我国首家电视台在初创时期，由于技术条件以及生活水平的限制，只是播放诗朗诵、舞蹈、演出等文艺节目，但电视进入千家万户之后，它的另一个重要的社会功能就日益凸显出来，那就是为人们提供信息。

新中国成立以来，我们的社会发生了翻天覆地的变化。不管在经济体制还是文化生活方面，我们九百六十万平方公里广袤土地上的每一个角落，每一个人，都深深地感受和体验到了。从前的计划经济时期，我们生活工作上的事都由国家和政府安排解决，自己对于未来没有太大的选择权利。随着 1978 年中共十一届三中全会的召开，我国开始走有中国特色社会主义的道路，经济高速发展，显示出了巨大的潜力。我们开始与外面的世界有了接触，我们需要了解这个社会发生了什么，对我们的具体生活将会有怎样的影响。面对外部世界的多姿多彩，我们具备了选择的条件和权利。于是，电视新闻节目应运而生。社会上的每一个人通过小小的荧屏，渐渐放宽眼界，放大生活的舞台。我国电视事业史上，第一个真正意义上的新闻节目当属中央电视台于 1978 年 8 月 1 日开播的《新闻联播》。

新闻联播作为一种独特的播报新闻的形式，到目前已经有三十多个年头，以它为开端，各省市电视台也慢慢做起了当地的新闻节目。

那么何为新闻？何为资讯？新闻资讯类节目包括哪些形式的电视节目呢？我们一步步来理清这些问题。

对于"新闻"的定义，约定俗成地普遍采用陆定一的"新闻是新近发生的事实的报道"这一种，它将近期所发生的事件通过一定的报道方式告知人们。而"资讯是用户因为及时地获得它并利用它而能够在相对短的时间内给自己带来价值的信息"①。从严格的意义上讲，新闻是信息的一种，因为信息所起的作用就是消除人们对事物的不确定性。资讯也是一种信息，但涵盖的不仅仅是新闻，还可以包括其

---

① 　资讯—百度百科．http://baike.baidu.com/view/3731.htm.

他。新闻的目标受众相对来说比较宽泛，没有严格的受众区分，不同年龄段、不同地区、不同教育背景的人群都可以观看新闻节目。而资讯的受众相对来说就带有比较强的目的性，人们想要通过它实现一定的价值。广义上来讲，资讯包括了新闻、动态、评论、观点等。例如白领阶层想要通过参加某一领域内的论坛来了解这一领域的最新动态，以更好地完成自己的工作。

因此，新闻资讯类电视节目的定义就可以说成是：以现代电子技术为传播手段，以声音和画面为传播符号，对公众关注的事实或信息进行报道的电视节目类型。

电视屏幕上出现的各类节目，符合这个定义的又可以大致分为消息性新闻资讯节目、评述性新闻资讯节目、专题性新闻资讯节目以及访谈性新闻资讯节目。

（一）消息性新闻资讯节目

"消息"这个词在《新闻学大辞典》里的解释为"以最直接、最简练的方式报道新闻事实的一种新闻文体，是最经常、最大量运用的报道体裁"①。把这个定义用到新闻资讯类电视节目上，我们就可以认为消息性新闻资讯节目就是以现代电子技术为传播手段，以多元素的图像、声音为传播符号，迅速、简要、客观地报道新近发生的事实或信息的电视节目。

中央电视台《新闻联播》就是很典型的消息性新闻资讯节目。它由三个部分组成，按时间顺序分别为国内重要新闻、国内其他新闻、国际新闻。这几个部分的新闻都比较简短，每条平均10秒左右，每天30分钟的节目平均播出新闻20条左右，具有短、平、快的特点。

按照新闻的内容来分，《新闻联播》属于消息性新闻资讯节目里的时事小类，同属这一类的还有《全球资讯榜》和老牌新闻节目《新闻30分》以及凤凰卫视的《时事直通车》。除此之外，荧屏上还有电影类、电视类、时尚类、娱乐类、音乐类等报道不同领域消息的新闻资讯节目。比如中央电视台电影频道的《世界电影之旅》、《光影周刊》，电视剧频道的《世界影视博览》属于电影和电视类的消息性新

① 甘惜分. 新闻学大辞典. 郑州：河南人民出版社，1993.

闻资讯节目。湖南卫视《娱乐无极限》属于娱乐类的消息性新闻资讯节目，东南卫视的《娱乐乐翻天》也划归于这一小类。《非常音乐》属于音乐类的消息性新闻资讯节目。

消息性新闻资讯节目一般固定一到两个主持人，对事实和信息进行简单概括的报道，针对所报道的内容一般不进行评论，不阐述观点，节目的节奏也比较快。这一类型的节目通常在清晨以及中午这样的时间段播出，以吸引迫切需要消息和资讯的人的视线。

（二）评述性新闻资讯节目

比起简短快速的消息性新闻资讯节目，评述性新闻资讯节目更多地体现出了人声在画面以及节目中的重要作用。从前的电视新闻节目，由于过多地倡导画面的作用，并没有能发掘出人和画面所具有的有机联系，以及人声可以赋予节目的深层次的意义。随着信息时代的发展和科技的进步，观众能够获取的关于事实的消息也越来越多，打开电视机一看，从来就不缺少新闻，但消息源越多，人们对于事实的把握就越容易不准确。从观众的角度，会不自觉地希望有一些人或一些节目能够帮助其有效地整合、理清事实的来龙去脉，让其对事实能有更加清晰的认识，对发生的事件可能产生的影响进行思考，培养自己对事物的看法。这样的节目无疑高了一个层次。

评述性新闻资讯节目的出现比消息性新闻资讯节目要晚，这是符合我国电视事业的发展规律的。"评述"的意思就是有评有述，有些节目采取的是先评再述，有些是先述再评，无论如何，它鲜明地体现着主持人或者节目的观点，有着强烈的个性特质。因此，评述性新闻资讯节目的定义，我们就可以阐述为——以现代电子技术为传播手段，以多元素的图像、声音为传播符号，对新近发生的事实和消息进行报道和分析，传达特定观点的电视节目。

这一类型的新闻资讯节目，主持人极为关键，不管是一个主持人还是两个主持人，或者节目中出现多少嘉宾都好，始终有一条无形的线索串着，这线索就是从一个新闻事件中所引申出的评价和思考。主持人的评论风格及个人特点是一个评论性新闻资讯节目的标签，有利于更好地塑造节目和电视台的品牌影响力。比如凤凰卫视的《有报天天读》，主持人杨锦麟和邱震海先为观众概览各大报上所刊登的国内外新闻，然后作评论，用寥寥数语，切中要害，直指核心。日子一久，他们就在观众心目中形成睿智、精辟又带些幽默的形象，培养出了固定的受众群体。

同属于评述性新闻资讯节目的还有北京卫视的《天下天天谈》，这是一档国际热点话题的评述节目。栏目围绕最新热点国际新闻事件，邀请有分量的专家学者和新闻事件当事人或关联人，立足中国百姓关注的利益、情感和命运，分析解读事实，讲述亲历见闻，挖掘新闻背后的故事。该栏目强调"主题事件化、事件人物化、人物细节化、嘉宾冲突化、冲突话题化、话题传播化"。节目宣传标语为"看天下事，述百姓情"。

还有一档不得不提的很特别的评述性新闻资讯节目，那就是凤凰卫视的《锵锵三人行》，不把它归入访谈节目而归入评述性新闻资讯节目，有几个方面的原因。首先，这档节目所讨论的话题时效性较强。其次，主持人窦文涛与两位嘉宾对事件的讲述和评论构成了节目的全部，节目带有十分明显的个性特征，氛围轻松，思维发散，尽情碰撞。

评述性新闻资讯节目可以说是一个台甚至是一个地区言论开放程度的标志，在新闻节目甚至是在所有的节目类型中占有十分重要的地位。

（三）专题性新闻资讯节目

专题性新闻资讯节目这一类型里的"专题"可以理解为特别节目。它与消息性新闻资讯节目以及评述性新闻资讯节目的区别在于播出周期和制作方式上的明显不同。前面两种类型的新闻资讯节目是常态播出的，周期比较短，因为每时每刻世界上都有许多的事情发生。特别节目的特别之处就在于它的制作不一定具有很强的时效性，制作方式过程中可以没有主持人或者嘉宾的参与，节目内容属于某一行业或某一领域的发展动态或历史沿革。通常来讲，特别节目具有特殊的时政和历史意义。但从广义上来说，也是属于资讯的一种，所以我们也把它划分在新闻资讯类电视节目这一块。也可以把一小类的节目称为"专题片"。

因此，我们可以给专题性新闻资讯节目下这样一个定义：电视台为突出其播出的特殊意义，不受时间、长度要求约束而特别编排的、采取特别制作和播出方式的电视节目。专题性新闻资讯节目内容较为专一，形式多样，允许采用多种艺术手段表现社会生活，允许创作者直接阐明观点，它是介乎新闻和电视艺术之间的一种节目形态，既具有新闻的真实性，又具备艺术的审美性。

例如，1983 年由中央电视台摄制的大型专题片《话说长江》，"将镜头对准中国最长的河流——长江，记录下与它有关的神奇自然、厚重人文和长江流域人们的生存状态"[1]。由于描绘出 20 世纪 80 年代这一历史性的转折点，这部专题片成为"最具张力的历史影像"[2]。《话说长江》在当年创下了收视奇迹，当时的大部分中国人透过电视荧幕第一次对我们的母亲河有了更深的了解。2004 年，中央电视台摄制组再次沿着长江出发，利用最先进的高清摄影设备，继续记录长江沿岸的人文风景，《再说长江》就这样诞生。除此之外，电视荧幕上还有众多画质精良、与时俱进的专题片，比如《舟舟的世界》、《沙与海》、《幼儿园》、《望长城》、《话说运河》、《故宫》、《我爱你，中国》、《百花》、《大工程》、《大阅兵2009》、《北京记忆》、《百年世博梦》等。不得不说的是，2011 年 1 月 1 日，中央电视台开设了纪录片（中、英文）频道，中文纪录片频道由人文地理、时代写真、特别呈现、发现之路、历史传奇这五个部分组成，每天播出多部纪录片。由此可以看出，专题片主要纪录与描绘现当代人文社会景况，呈现真实的社会面貌，表现的手法也比较多样，通过情景再现等手段，运用后期技术，使画面富有质感，传达特定的历史或社会氛围，为受众营造身临其境的现场感，使其获得艺术审美和精神享受。

（四）访谈性新闻资讯类节目

访谈性新闻资讯类节目的特点就在于"访"和"谈"，不同于只提供快报式新闻的消息性新闻资讯类节目，也不同于主持人表达观点的评述性新闻资讯类节目，更加不同于专题性节目。访谈性新闻资讯节目可以理解成是把现实生活中存在的人际间的谈话交流引入电视中，把它作为节目的一种形式。那么，我们可以把访谈性新闻资讯节目定义为：以电视媒介为传播手段，通过话语的形式，以符号语言和非符号语言来传递关于最新事件的信息，整合大众传播与人际传播的一种新闻资讯类

---

①②　选自电视专题片《再说长江》第一集"大江巨变"中的解说词.

节目。

访谈性新闻资讯节目通常包括主持人、嘉宾、话题这三要素，有的节目中还有观众的参与。这类新闻资讯节目中，嘉宾占据举足轻重的地位，主持人围绕一定的新闻事件对嘉宾进行访谈，从不同的角度深层次地了解事件的动态以及背后的原因、可能导致的结果等，因此此类节目相比于前三种新闻节目，往往能够剖析事件、还原真相，让观众更加立体地看待所发生的新闻事件。访谈的话题紧扣热点，具有公开性、针对性、社会性以及一定的争议性。

追溯我国的访谈性新闻资讯类节目，《实话实说》虽然不是最早的，但可以说是最具有代表性的。1996年，《实话实说》一炮而红，随后各地迅速刮起访谈类节目的"狂风"，并涌现出一大批类似崔永元的访谈类节目主持人。这一栏目已经作为电视史上的经典写入史册，它轻松的谈话氛围、调侃式的说话方式、群众参与的节目形式很受观众欢迎，可以说是大家喜闻乐见的一种节目形态。除了针对社会话题对嘉宾进行访谈，还有针对特定人物而做的访谈。对受访人物的选择往往也体现出一定的时新性与话题性。例如中央电视台的《面对面》、《艺术人生》，凤凰卫视的《高端访谈》，安徽卫视的《鲁豫有约》、《杨澜访谈录》等，都选取某些与当下各界热点问题相关的人物作为采访对象，以人物的故事展开作为节目的卖点，分享个体的生命体验和历程，同时带出与人物有关的热点事件，并进行多维角度分析，更加全面、深刻地看待社会问题与新闻事件，通过人物的心理状态折射社会现实。还有一些访谈类新闻资讯节目突破演播室的时空限制，采用连线的方式，比如凤凰卫视的《一点两岸三地谈》，通过视讯电话、卫星连线等媒介手段，围绕大陆、香港、台湾的话题，进行跨地域交流。一些大型的直播节目中，也会在演播厅采访和直播事件相关的专家、学者，以配合现场的画面，比如中央电视台在直播香港回归、澳门回归、伊拉克战争的节目中，播映一段现场拍摄的画面后，都会将镜头转回演播室，对相关的专家、学者进行访谈，了解同直播事件有关的各方面情况，丰富资讯。

访谈性新闻资讯节目中，主持人很关键，有了话题，有了嘉宾，如果主持人无法很好地把握节奏和内容走向，也会使节目显得平淡无奇，缺少冲击力，更不用说给人以启发和慰藉。因此，访谈性新闻资讯类节目的水平高低，也是反应电视台整体素质的标杆。

二、文艺娱乐类电视节目

从国内的第一座电视台创立至今有五十多个年头了，文艺娱乐类节目也走过了长达五十几年的风风雨雨，它以不断创新和富于文化的内容与形式，在节目播出和收视市场上不断扩大自己的影响。

文艺娱乐类节目作为一种综合性艺术，它集多种艺术门类和表现手段于一身，具有独特的审美价值和传播特点。它包含了多种文艺节目样式，例如戏曲、舞蹈、音乐、杂技以及现今各大电视台周末黄金时段播出的旨在放松身心给广大受众带来愉悦的娱乐节目和剧情类节目等。

（一）文艺节目

最初的文艺节目只有一些单一的样式，比如纯粹的戏曲、音乐、相声、评书、小品等节目，把这些节目搬到屏幕上，就成为最初的电视文艺节目，比如中央电视台戏曲频道的《九州大戏台》、音乐频道的《精彩音乐会》与《百年歌声》等。到了 20 世纪 80 年代，中央电视台首创春节联欢晚会，将音乐、相声、小品、曲艺等直接搬上荧屏，组成了综艺性较强的晚会型节目，此后的每年除夕，我国的电视观众渐渐习惯一家人围坐在电视机前，收看这一大型文艺晚会。此后，每逢大型节假日，例如劳动节、国庆节、教师节、春节、元宵节等，各级电视台就会制作相应的文艺晚会，营造其乐融融、欢聚一堂的气氛。

（二）娱乐节目

电视娱乐节目具有丰富的表现力，最重要的是它所具有的独特参与性，是其他类型电视节目所无法比拟的。相比于文艺节目，这一类型的节目形式更加新颖，氛围也更加活跃，不拘泥于照搬文艺节目形式，带有一定的创新性。此类节目通常将播出时间设定为周末，以便更好地发挥它的娱乐功能。自从这一类节目诞生到现在，已经衍生出多种多样、风格不同的形式，比如益智类娱乐节目、游戏类娱乐节

目以及真人秀娱乐节目。

随着我国经济的飞速发展，人们对娱乐的需求日益多元化，为了最大程度地吸引受众，娱乐节目频繁更新换代，可以说是花尽了心思，想尽了办法，有的甚至大胆借鉴国外娱乐节目。比如2004年湖南卫视的《超级女声》，其灵感就来源于外国著名真人秀节目《美国偶像》。当《超级女声》火遍全国之后，各电视台同类节目相继冒出，例如《梦想中国》、《莱卡我型我秀》、《加油！好男儿》、《第一次心动》、《绝对唱响》、《星光大道》等。真人秀节目为广大想要展示自我的普通人提供通往梦想的舞台，将他们面对挑战时刻的真实表现用镜头记录下来，这样的做法在我国电视娱乐界开了先河，既提高了收视率，又吸引了更多的观众参与。

相比之下，益智类娱乐节目和游戏类娱乐节目可以说是历史悠久。上海电视台第八频道于1994年开播的《智力大冲浪》便是益智类娱乐节目的早期代表，此后《开心辞典》、《财富大考场》、《步步为赢》等节目也纷纷抢占受众市场。益智类娱乐节目将知识、幽默、高额奖金联系在一起，迎合知识分子的喜好，又展现出一种惊险、刺激的现场感。

而游戏类娱乐节目的发展历程可以说是千回百转。从最早东方卫视的《快乐大转盘》，到北京电视台的《欢乐总动员》、江苏卫视的《非常周末》、东南卫视的《开心100》、安徽电视台的《超级大赢家》等，都以"游戏＋明星"的形式，融入背景音乐、光线变幻等舞台手法，注重与明星的交流和对话以营造轻松搞笑的娱乐氛围。著名娱乐节目《快乐大本营》就经过多次改版，从最初的两个主持人到现在的五个主持人（组成"快乐家族"），从以机智问答为主到以模仿类游戏为主，从一板一眼的主持方式到机智诙谐、彰显独特个性的主持方式，从单纯依靠明星造势到自觉为节目策划话题，《快乐大本营》在15年的发展历程中，渐渐成长为湖南卫视这一娱乐帝国的"台柱"节目。纵观国内各大电视台娱乐节目，很少有节目能够做到这种程度。

湖南卫视还有一档娱乐节目不可不说，那就是由略显知性的汪涵率领的天天兄弟联袂主持的《天天向上》。以新锐著称的生活时事类杂志《新周刊》曾于2010年初将该节目评为2009年"最佳娱乐秀"节目，称其"是一档有智商的娱乐秀，一场有灵魂的大 party，它搞笑而不恶搞，幽默而不刻薄，猎奇而不低俗，温情而不滥情，有着最强大的策划，最敏锐的话题，最新酷的嘉宾，最机智的主持人群"。这样的评价对于一个才创立两三年的节目来说，是很高的赞许。客观来讲，"《天天向上》在节目形态上做了大量的创新，使得这档节目从气质到面貌上都展露出它与众不同的特点"①。

（三）剧情类节目

剧情类电视节目，顾名思义，就是有剧情的电视节目。之所以不把这一类直接称为电视剧，是因为这一类型的电视节目还囊括了一种很重要的节目样式，那就是电视电影。我们先来说说剧情类电视节目中的电视剧这一种类。

电视剧我们每个人都看过，这一叫法实际上是我们国家所独有的。它指的是专门为在电视上播出而拍摄和制作的具有特定情节变化和鲜明人物性格特征的节目形态，通常在电视上以分集的形式连续播映。电视剧发挥了电视技术的优势，吸收了戏剧的艺术营养，又借鉴了电影的镜头语言，是一种富有活力的艺术样式。

既然是一种艺术创作，电视剧就可以打破生活中的限制，进行天马行空的想象。从第一部电视连续剧《一口菜饼子》播映以来，我国荧屏上的电视剧体裁越来越广泛，构思越来越新颖，人物对白也越来越具有时代感，在形式和内容上都有很大的创新与发展。比如从过去比较单一的战争体裁电视剧（《敌营十八年》等）和家庭生活体裁电视剧（《渴望》、《孽债》等）以及古装传奇剧（《八仙过海》等）到目前的神话历史剧（《宝莲灯》、《神话》、《牛郎织女》等）、刑侦剧（《重案六组》、《七日》等）、青春偶像剧（《红苹果乐园》、《夏日里的春天》等）、历史剧（《康熙王朝》等）、时装剧（《夏家三千金》等）、军旅生活剧（《我的团长我的团》等）的陆续涌现，电视剧的创作一改往日的单调格局，颇有些群雄逐鹿、硝烟四起的意味。电视剧作品塑造人物，设置冲突，表现历史变迁，也可以反映出社会问题。例如表现平凡小人物生活的《贫嘴张大民的幸福生活》，以十分深入的触角，刻画主人公张大民乐观面对生活的态度；2009 年的《潜伏》，展现人物无奈的挣扎

---

① 2009 中国电视榜. 新周刊，2010（3）：15.

与矛盾，是一部大型的内心戏；《蜗居》因为生动描绘出这个时代人人都要面对的房子问题而备受追捧，几位主演诠释出了压力与欲望的博弈、理想与现实的背离，该剧甚至大胆挖掘出背后的利益和体制问题，具有深刻的社会意义。

除了电视剧，还有一种专门为在电视上播出而制作的电影，我们称它为电视电影。目前播放电视电影的主要平台是中央电视台的电影频道。这一频道的宣传口号为"打开电视看电影"，除了播放一些电影外，也推出众多电视电影供观众收看。比起电影，电视电影的制作成本相对要低，由于不需要在大银幕上放映，所以不常请国内外的知名演员或者是投入大量的财力，但这一类型的电影同样是用35毫米胶片来拍摄，以新人新事、凡人小事的题材，以及富有韵味、引人向上的艺术形象，不断释放出沁人心脾的力量。中央电视台电影频道每年约投资6 000多万元拍摄电视电影，到目前为止，电视电影的发展已经日渐成熟，华表奖、金鸡奖等重要奖项都专门设置了电视电影奖，也涌现出一批年轻的新锐导演。

三、教育类电视节目

教育性电视节目和其他类型的节目互相补充，互相渗透，互相联系，一起构成电视节目中不可缺少的内容。现今的各级电视台通常都设有专门的教育性节目，甚至是专门的教育频道。比如中国教育电视台、中央电视台科教频道等。

教育性节目一般分成两类：教学性教育节目和社会性教育节目。

教学性教育节目利用电视传输手段，系统传授科学文化知识，教学的内容往往与课堂教学相对应，表现形式也基本和课堂教学相同，和社会性教育节目有着显著的区别，也有人称之为"电教节目"。根据传播的内容和数量，教学性教育节目又可以分为综合教学节目、专业教学节目、应用教学节目。比如中国教育电视台一套的《开放课堂》2月28日播出的两期节目——"油画风景与静物"、"钢琴"就属于专业教学的内容；中国教育电视台二套2月28日播出的《跟我学汉语》就属于应用教学节目，而《常微分方程》就属于综合教学的内容，基本上就是将全日制学校的课程安排到电视上，实现远程教学。

社会性教育节目比起教学性教育节目，涉及的范围更广，形式更加丰富，面向的受众更加具体。按照内容来分，社会性教育节目又可以分为知识节目、特定对象节目以及竞技节目等。知识节目虽然也和教学性教育节目一样传授科学文化知识，但并不采取课堂教学的形式，而是注重节目趣味性。比如中央电视台科教频道的《科技之光》、《走近科学》、《探索·发现》节目，就是将生动的讲述与细致的画面相配合，让观众可以在欣赏画面的同时获取科学文化知识。特定对象节目指的是以特定社会群体为对象而开设的教育节目。按照不同的职业、年龄、性别、民族、地域等因素，根据相应的标准设置节目。比如著名的少儿节目《大风车》、《七巧板》、《小神龙俱乐部》；著名的老年节目《夕阳红》；面向广大女性朋友的《半边天》；面向农民朋友的《农广天地》、《致富经》、《乡土》；为年轻白领打造的《购时尚》等。由于有着明确的目标受众，此类节目定位准确，策划清晰，形式独特、个性，通常能够收到良好的传播效果。社会性教育节目中的竞技节目，以能够体现参与者的智力和能力水平的竞赛作为内容，囊括问答、辩论、讨论、评选等形式，满足受众的求知欲望，同时具备知识性和趣味性，倾向于达到双向交流的目的。《京杭大运河知识竞赛》、《亚洲国际大专辩论赛》、《三星智力快车》等节目皆属此类。

四、服务类电视节目

和广播一样，服务类电视节目实用性强，通过提供信息、接受咨询、当参谋、反映群众呼声等方式，直接为社会各界解决各种实际问题，为受众排忧解难，对受众的心理和生活需要产生直接影响。按节目形态来划分的话，服务性电视节目又可以分为单向性服务节目、综合性服务节目、非独立形态的服务性节目这三种。

单向性服务节目，指的是只为受众提供某个方面或某个问题的具体服务，内容相对显得单一并且集中。天气预报、节目预告、美食烹饪等皆属此类。具体来说，中央电视台一套综合频道的《天天饮食》、黑龙江电视台的《于硕说天气》、陕西卫视的《健康56点》、四川卫视的《天府旅游》等节目，就是单向性服务节目。

综合性服务节目的内容相对要广泛一些，更加具体地为受众的家庭生活服务，

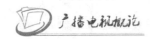

常常会在节目中设置主持人，注重观众的参与性。最典型地要属央视的《为您服务》，曾经开设了十几项的服务项目，此外还有上海电视台《生活之友》、浙江电视台《生活杂志》、广东电视台《生活百事通》等。

非独立形态的服务性节目指的是那些将服务性信息与其他节目形式相融合的一种节目类型。例如中央电视台1999年开办的《幸运52》，就将商品信息融入知识竞赛节目中，打破游戏娱乐与服务类节目的限制，现场气氛紧张激烈、趣味横生，节奏明快、高潮迭起，舞美绚丽多姿、富有现代气息，主持反应机敏、幽默诙谐，奖品实用美观。

若将服务性节目按照内容来划分，也可以把它们分为家庭生活服务类、经济生活服务类、受众咨询服务类以及广告服务类节目，在这里不一一展开说明。我们着重阐述一下服务性电视节目所具有的重要地位。

由于媒介本身所具有的社会性，为社会受众服务就很自然地成为其不可推卸的责任。再者，由于电视媒介作为普及程度最高、相对来说比较先进的媒介，它的服务对象比其他媒介更广泛，服务方式也更加生动、亲切、真实。从这点来看，服务性节目的传播能够使电视媒介突出自己的优势，拥有更大的空间来发挥社会服务功能。此外，社会各方面的迅猛发展把我们带入了信息时代，信息资源成为最关键的部分，人们迫切需要依靠获得可靠的信息来进行各项社会活动。因此，外界的形势发展对电视媒介的服务性功能提出了更高的要求。随着各级电视台频道的增加，服务性节目也越来越受到重视。

第四节　广播电视节目的栏目化和频道化

一、广播电视节目的栏目化

"栏"通常是指报纸编辑的一个基本构成单位，将报纸的版面分隔成几个竖长条块，这样的一个竖长条块就可以叫做一栏，内容相近的新闻编辑在一起，"通常带有头花，有固定的名称或总标题，以四周围框或勾线与版面的其他内容隔开，形成相对独立的格局。组成专栏的稿件都有某种共同性，或是同一主题、同类题材，或是同一特征、同一体裁"①，就成了栏目。沿用这个定义，我们可以给广播电视栏目下这样一个定义："以名称、特定的标志图像和间奏乐等与其他部分节目区分开，其所有内容或是同一主题、同类题材，或是同一体裁、同一特征等，又与整个节目和谐统一，节目布局与结构层次化、精致化、延续化。"② 广播电视栏目有以下几个特征：

（一）固定的栏目名称

栏目名称就好比是一个代号、一个标签，象征着整个栏目的风格与内容。随着节目连续不断地播出，名称逐渐在受众心中留下印象，以至于只要一听到栏目名称，就可以马上联想到栏目的鲜明主持风格以及个性栏目形式等。栏目的品牌效应的形成，一定离不开固定的栏目名称。《新闻联播》的名称自从栏目开播以来就没有变过。

（二）固定的播出时间和节目时长

有了固定的名称，还要有规范的播出时间与长度，才能够最大限度地方便目标受众，使他们不至于错过节目。为了方便管理，所有的广播电视节目系统都有着统一的安排，每一个节目都有自己固定播出的时间段以及节目时长，遇到突发新闻事件则另当别论。

（三）固定的栏目标志

固定的片头与片尾，以及栏目标识，都是栏目营销的有机组成部分，对于培养忠实受众群具有十分重要的作用。广播电视栏目开场时的字体、图案、背景音乐等，都可以表达栏目的定位、风格，甚至是理念与态度。

（四）固定的主持人

据了解，西方很多重要栏目的走红都与主持人的个人魅力分不开，栏目与主持

① 广播电视简明辞典. 北京：中国广播电视出版社，1989. 31.
② 甘惜分. 新闻学大辞典. 郑州：河南人民出版社，1993. 248.

人相辅相成，相得益彰。一个栏目是否成功，其主持人选择的合适与否是关键性因素。凤凰卫视在这一方面的实践就比较成功，该台为主持人量身定做的栏目既体现出独特的个性魅力，又具有普遍的社会意义。

（五）稳定的节目内容与节目性质

栏目形式和内容共同体现栏目的宗旨，使整个栏目在所有节目中显示出不可替代性。因此，节目的内容和性质应当稳定并且持久，专注于栏目所关注的某一方面的问题报道或分析，保持栏目的个性。

世界上最早的栏目应该是 20 世纪 40 年代末出现于美国的《骆驼新闻大篷车》，到了 80 年代初，许多国家的广播电视节目基本上都可以称为栏目了。我国真正进入电视节目栏目化时期，应以 1983 年的《为您服务》为标志，该栏目拥有固定的主持人、播出时间、时长以及内容，成为各大电视台争相模仿的对象。纵观现今各大电台电视台的节目系统，栏目化发展基本进入成熟阶段，广播电视人都以栏目品牌化、个性化作为不懈的追求和奋斗的目标。

二、广播电视节目的频道化

"频道"原先只是一个纯技术名词，是指声波、电波、光波等波传送的频率范围。广播电视频道是指在广播电视信号传送播出时，高频影像信号和声音信号占有的一定宽度的频带，频带又指的是波在传送时介于两个特定频率之间的所有频率范围。由于一个特定频道只能传送一路广播电视信号，所以接收的时候，只能收听或收看到一台的频率或一套的电视节目。目前，我国广播电视节目基本上都处于由栏目个性化过渡到频道（率）专业化的阶段。根据中央电视台副总编辑孙玉胜的说法，目前所有电视节目的专业化频道可以分为这三个层次：大众化专业频道、分众化专业频道、小众化专业频道。新闻、影视、体育、娱乐频道属于大众化专业频道；财经、历史、科学频道等属于分众化频道；高尔夫、钓鱼、机场频道就属于小众化频道了。广播节目的频道由于其传播特点所限，频道专业化发展水平较之电视节目显得略低一些。

广播电视媒体走频道专业化的道路，并不是无迹可循。由于第三产业在国民经济中所创造的生产总值越来越多，所占份额有不断扩大的趋势，就使得社会上从事第三产业的人群也占较大比例，带动整个社会的消费群体，人们的收听收视习惯也随之有了改变，更加渴望获得更多更细致更有针对性的信息服务。在这样的背景下，作为大众获得信息的重要媒介，广播电视义不容辞应当朝着频道化方向发展，满足受众多方位多层次的需求。以中央电视台为例，包括刚刚于 2011 年 1 月 1 日创建的纪录片中文频道和英文频道，共拥有 24 个专业频道，分别是综合频道、财经频道、综艺频道、中文国际频道（美洲、欧洲、亚洲）、体育频道、电影频道、军事农业频道、电视剧频道、英文频道、科教频道、戏曲频道、社会与法频道、阿拉伯语频道、法语频道、俄语频道、新闻频道、少儿频道、音乐频道、西班牙语频道、高清频道。各省级电视台一般也下设专业频道，比如福建广电集团就下设 8 个频道，以满足受众多种需求。其他的付费数字频道更是多种多样，异彩纷呈。

频道化现象如今已十分普遍，但也存在一些问题。专业频道不专业这一缺陷，在频道化现象出现不久显现出来，这一缺陷在一定程度上可以理解为节目资源不足。受众市场分得越细，就意味着一些节目只为一部分受众观看而制作，这些节目必须足够专业、足够深入以吸引这一部分受众，若想要制作出精细的节目，就一定要有这一方面的人才。我国有众多影视学院、新闻学院、音乐学院，却很少有高尔夫学院、钓鱼学院，由于人才资源储备不足，导致节目资源不足，只能用不那么专业的节目来填充专业频道的内容。另外，我国的各级广播电视事业单位仍然按照行政手段来运作，在将节目制作承包给专门的制作公司这一点上，还缺乏足够的认识。因此，这一缺陷的解决还需要静待我国广播电视事业管理的放活。无可否认，频道专业化还有一段漫长的路要走。

第五章　我国广播电视制度及集团化运营

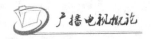

第一节 我国广播电视事业的制度规范

一、广播电视制度的发展过程

改革开放 30 年多来，我国广播电视事业飞速发展，广播电视已成为影响力巨大的大众传媒，在政治、经济、文化和社会生活中，发挥了十分重要的作用。然而，在广播电视发展的过程中，由于管理滞后、规范不健全，致使播出机构乱播乱放、采编人员越位错位、节目低俗等问题时有发生，给广播电视媒体的声誉及广播电视事业的发展带来了很大的负面影响。

我国广播电视规制的发展轨迹与中国经济社会的总体改革进程是同步的，大体上可划分为三个阶段：

（一）行政导向阶段（1978—1991 年）

1978 年开始的改革开放为中国的广播电视事业带来了发展的契机。20 世纪 80 年代初，中国广播电视事业开始起飞，在短短几年内，媒介规模、受众规模以及传播的影响力都有了质的飞跃。1983 年 3 月召开的第十一次全国广播电视会议，明确了广播电视行政机构设置、中央与地方关系、广播电视机构的性质和任务等问题，成为中国广播电视发展史上的一个重要里程碑。会议提出了"四级办广播、四级办电视、四级混合覆盖"的事业建设方针。同时，在管理上明确提出各级广播电视机构具有新闻宣传机关和事业管理机关双重性质与职能，中心工作是宣传，并确定实行上级广播电视部门和同级党委政府双重领导，以同级党委政府领导为主的管理体制。

这一方针的提出，彻底改变了原来中央和省（区、市）两级办电视的事业格局，使中国电视事业结构向多级办台转变。明确了各地可以建立自己的电台、电视台等，使地市、县拥有自己的"喉舌"和宣传工具，而不像改革前仅能诉诸报纸进行政令的传播。这样就充分调动了各级政府和主管部门的积极性，争先恐后地发展广播电视业，使广播电视的数量和规模得以突飞猛进地发展。

在这一时期广播电视发展的另一个重要举措就是 1985 年提出的"租星过渡"政策。在该政策出台以前，边远地区根本接收不到电视信号，即使接收到信号质量也较差。当时用 2—3 米高的天线只能收到中央和省级节目。卫星传输技术的异军突起，一改当年节目传输采用短波、差转微波接力的传统方式，使得节目传输质量、效率大大提高，成本显著下降。

"租星过渡"是租用国际卫星组织的卫星转发器传送我国广播电视节目的过渡技术政策，它让"四级办"如虎添翼。曾几何时，全国各省市都争相申请利用卫星传送本省广播电视节目。这样不但解决了本省节目传送问题，而且扩大了各省在全国的影响，同时又为广播电视观众提供了更多的节目源，繁荣了广播电视。全国各地的广播电视转播台、发射台如雨后春笋般地发展起来。

此外，有线电视也在 20 世纪 80 年代获得蓬勃发展。随着城市高楼大厦的林立和现代化发展，无线覆盖质量越来越差、电视节目频道资源匮乏、节目套数少等问题日益凸显，有线电视逐渐成为城市电视发展的必然途径。于是广电部及时调整了政策，对有线电视给予了大力的支持，各地纷纷建起了有线电视台。老百姓收看的电视节目也一下子由十几套增加到几十套，信息变得丰富起来。尤其是省级电视台上星之后，有线电视使老百姓的电视荧屏日益多姿多彩。

（二）市场导向阶段（1992—2000 年）

进入 20 世纪 90 年代以后，中国开始从计划经济向市场经济转轨。在市场化浪潮的推动下，以建立适应市场经济的运行机制为主要目标而进行的一系列改革，成为 90 年代广播电视的发展主题。1992 年，中共中央、国务院颁发了《关于加快发展第三产业的决定》，明确将广播电视列为第三产业。1998 年，全国九届人大第一次会议明确提出，国家今后将对包括广播电视在内的大多数事业单位逐年减少拨款，三年后这些单位要实现自收自支。现实的生存环境将广播电视推向市场，以前那种依靠国家财政拨款的经济管理体制将成为过去。在政策和现实环境的鼓励与推动下，广播电视在坚持正确舆论导向的基础上，必须尽快熟悉资本运营以及广告经营、节目经营，这必将使其逐渐走上集团化发展的运行方式，实行跨部门、跨行

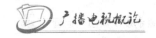

业、跨地区甚至是跨国经营。

1999 年 6 月，无锡广播电视集团成立，成为全国第一家广播电视集团。1999 年 9 月 17 日，国务院办公厅转发信息产业部国家广播电影电视总局《关于加强广播电视有线网络建设管理意见的通知》（国办发〔1999〕82 号），规定"在省、自治区、直辖市组建包括广播电台和电视台在内的广播电视集团"。2000 年 12 月，湖南广播影视集团挂牌，成为我国第一家省级广播影视集团。上海、北京、山东、江苏等省（市）也相继成立了广播影视集团（总台）。集团化成为这一阶段广播电视改革与发展的重要举措。

针对中国广播电视集团化，国家广播电影电视总局办公厅的梁山在其《中国广播电视集团化发展战略思考》一文中，提出了我国广播电视集团化发展的基本思路：

1. 转变运行机制，转变政府职能，这是集团化发展的根本要求

广播电视集团化发展，就是要变电台、电视台"单打独斗"为"联合舰队"，变机关化、行政化运行机制为规模化、企业化运行机制，改变当前广播电视领域"小而散"、"小而全"和机制不活等状况，做活、做强我国广播电视业，从而更好地发挥广播电视的喉舌功能、教育功能、娱乐功能和信息功能，扩大我国社会主义精神文明阵地。广播电视集团化发展要求在微观方面转变运行机制，实行企业化管理；在宏观方面转变政府职能，实行政企、政事职能相对分开。

2. 先横向整合，后纵向整合，这是集团化发展的实施步骤

推进广播电视集团化并不是要上收广播电视的开办权，而是要推动广播电视运行机制朝着规模化、集约化、企业化方向发展，从而解放和发展广播电视的生产力。根据国务院办公厅 1999 年 82 号文件中关于组建省、自治区、直辖市为单位的广播电视传输网络公司要求和国家广播电影电视总局发布的《关于广播电影电视集团化发展试行工作的原则意见》，组建广播影视集团要统筹规划，分步实施。概括起来就是要先横向整合，即推进有线台与无线台合并，推进广播电视传输网络公司的组建，推进广播、电影、电视的联合，尽快形成集团的基础和规模实力；再纵向整合，即推进地（市）县广播电视机构职能的转变，推动其加入省（自治区、直

辖市）广播电视集团。

3. 以资产和业务为纽带，是集团化发展的实现方式

国家广播电影电视总局发布的《关于广播电影电视集团化发展试行工作的原则意见》中要求，组建广播影视集团要以资产、业务为纽带。以资产为纽带是指集团核心单位（母公司）通过股权持有方式对其他成员单位行使大股东股权或出资者权利，从而实现对成员单位的统一管理。以业务为纽带是指集团成员单位通过业务协议，自愿将自己的管理权转移给集团管理机构或集团核心单位（母公司），从而实现对成员单位的统一管理。

（三）资本导向阶段（2001年至今）

2001年，中国加入WTO，虽然我国没有承诺对外开放广播电视领域，然而入世后国外资本影响和冲击着我国的广播电视事业。为了迎接WTO给中国广播电视事业带来的挑战，国家广播电影电视总局相继推出了一系列政策来调整广播电视事业，以应对信息全球化的冲击。这一时期广播电视事业的政策法规主要围绕境外资本和民营资本的准入与管理。

2002年，国家广播电影电视总局放宽了电视剧、广播电视节目等影视制作机构的市场准入门槛，允许民营资本作为经营主体进入除新闻宣传外的广播电视节目制作业，允许个人、私营企业设立除新闻宣传外的电视剧、电视专题节目等影视制作机构。2003年夏天，国家广播电影电视总局正式颁行上海影视制作业市场准入制度，并率先向海润影视等8家民营电视剧制作机构核发《电视剧制作许可证》（甲种）。从此，行业外资本进入影视制作业终于"名正言顺"地获得合法身份。这被看成是政策上对影视剧制播分离认同、鼓励的信号。

在对外方面，则采取有限开放和引进政策，2004年2月发布的《关于促进广播影视业发展的意见》中提到，允许境外资本与我方合资制作广播电视节目，但严禁设立外商独资、中外合资、中外合作经营的广播电台、电视台、节目制作经营机构，严禁外资进入广播电视传输覆盖网。

此外，这一阶段广播电视业发展的另一个关键词是数字化。2001年，国家广播电影电视总局发布了《我国广播电视数字化过渡时间表》，当中谈到了：到2015年

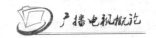

我国将基本完成数字化过渡，停止模拟信号的传递。2005 年，全国有 100 多个城市进行了有线电视数字化整体转换，其中 30 多个城市已完成了整体转换，全国有线数字电视用户超过了 4 000 万。2008 年 1 月 1 日，地面数字电视在北京开播，转播中央电视台的高清综合频道和中央电视台、北京电视台的 6 套标清频道，这标志着我国地面无线广播电视数字化正式启动。

二、现行广播电视制度的特点与问题

（一）现行广播电视制度的特点

1. 管办结合，三位一体

我国的广播电视是国家所有，政府主办。各级政府广播电视行政主管部门承担着"办"广播电台、电视台的职能，又是广播电台、电视台的监管者，承担着"管"的职能，集宣传、事业、管理三种职能于一体，对三方面的工作全面负责。

2. 四级办，分级管

实行"四级办广播、四级办电视、四级混合覆盖"，管理上实行"条块结合，以块为主"，即省本级及省级以下广播电视行政管理部门接受上级广播电视行政主管部门与本级党委政府的双重领导，以本级党委政府领导为主。

3. 公益性

各级各类广播电台、电视台均是以实现社会效益为主要目标的事业单位，不是营利性组织。

（二）现行广播电视制度所存在的问题

长期以来，中国媒介属于行政机构的一个组成部分，媒介机构的领导由各级党委政府直接任命，媒介多强调其宣传喉舌功能而忽视了经济功能，媒介产业化进程只是在 20 世纪 90 年代中期以后才从规制许可的意义上正式启动并逐渐深化的。因此中国媒介深深地打上了政府垄断的痕迹，当作为党和政府喉舌的中国媒介与市场化遭遇时，便导致媒介业在其市场化的发展进程中出现政企不分、效率低下、权力意志盛行等种种问题，表现在媒介规制上就是媒介规制的机构设置不合理、媒介规制不透明、媒介规制缺乏常规化、媒介寻租现象严重等，几乎所有的政府领导都可以制定媒介方面的规制，对媒介指手画脚。这样使媒介规制缺乏一个透明化、常规化、程序化的规范，具体说来，现阶段中国的媒介规制与管理存在下列主要问题：

1. 条块分割、画地为牢的媒介管理模式

我国媒介形成了比较明显的纵横交错的井状结构。横向看，1983年确立的"四级办电视"的方针，确定了中国电视的基础结构，依次是中央、省（直辖市或自治区）、市和县，不同级别的媒介受当地党委和政府的领导与管理，自上而下形成大而全、小而全的媒介网络结构，在不同层级的行政区域，中国媒介具有不同的级别。纵向看，不同类别的媒介受不同的媒介管理部门垂直领导，报纸、杂志、图书等平面媒体的领导机关是国家新闻出版总署（局），广播、电视和电影等的领导机关是国家广播电影电视总局，管理文化艺术事业的部门是文化部（局），再加上互联网的管理部门又是国家工业与信息化部（前国家信息产业部）。从政治上看，这些媒介均受各级党委宣传部的领导。而从经济上看，媒体的广告业务主要由各级工商行政管理部门进行管理。这种错综复杂的管理结构造成中国新闻媒介政策制定和执行的困难，在很多时候由于不同利益主体的出发点不同，造成管理上的不一致甚至相互矛盾、画地为牢：报业不得进入广播电视，广播电视也难以进入报业，致使跨媒体融合这一国际性的传媒产业发展大趋势在中国迄今为止鲜有作为。从横向看，各地区的党委和政府竭力保护自己所辖地媒介的利益，同时，因为所辖地媒介易于管理（各地媒介不得批评同级党委），保护自己属地的媒介也是为政府谋取利益，这样就造成强大的地方保护主义，使传媒业跨地区发展阻力重重。如2002年底，上海文广传媒集团计划通过宁夏卫视借壳上星，想通过用宁夏卫视白天承载上海电视台财经频道节目，晚上承载上海电视台体育频道节目，由于宁夏电视台的上级主管单位坚决反对，致使双方的协议最终成为纸上谈兵。宁夏电视台当时的负责人顶住压力，坚持签下合作协议，但一回宁夏就遭免职。从纵向看，由于不同类别的媒介归属不同主管部门管理，各主管部门均从各自部门的利益出发进行管理，对同一市场的媒介规制往往要涉及不同部门，如对卫星广播电视的规制就涉及广播电影电视总局、原信息产业部、公安部和工商行政管理总局等，导致部门利益难以协调,规制效率低下。部门保护主义和地方保护主义的双重影响为跨媒介融合、跨地区发展和跨行业经营造成难以逾越的障碍,严重阻碍了中国媒介产业做大做强的步伐。2006 年 11 月 28 日,成都传媒集团成立,在跨媒体的融合方面进行了卓有成效的探索和尝试,但仅仅因为申报程序方面的某些瑕疵,便遭遇了国家广电主管部门的严厉批评,声称这种做法违反了中央关于文化体制改革的政策和总局的相关规定,是错误的(广发〔2007〕87 号文件),甚至拒绝按照广播电视管理条例给予合法登记。

地区壁垒、媒体壁垒和行业壁垒就像三座大山,阻碍着我国传媒产业的改革与发展。而在西方发达国家,如美国最大的 25 家媒介集团都包括广播、有线电视、卫星广播电视、报纸、杂志、图书、电影、唱片、互联网等,英国 1999 年《广播通信法案》废除了大报业集团拥有第 5 套节目电视台或电台的限制。而我国这种条块分割、画地为牢的媒介管理模式造成跨地区、跨媒介经营和上下游的产业资源整合困难,这也是造成中国媒介产业难以形成规模经济和范围经济的一个主要原因。

2. 基本规制导致媒介单位角色错位

从原本的意义上说,事业是为了保障全社会的公益而无偿占用公共资源从而获得经济循环的一种方式;而企业化经营则意味着政府应在产业和市场领域尽可能退位,尽量淡化政府的干预,让企业主体通过自己的努力和市场的规则来占有资源及获得经济回报的一种方式。但是,中国媒介所施行的事业单位、企业化管理的基本规制导致了媒介单位的角色错位,造成了媒介业显规则和潜规则两套办法并行,进而导致宏观管理的某种失控状态:显规则是写在文件上、说给上级机关听的并不真心去做的行为规范;而潜规则则是为自己谋取市场利益,心照不宣、闷声去做的行为规范。它在相当程度上造成了媒介的具体操控者对于实际部门管理中的阳奉阴违,说一套、做一套,致使相当的宏观管理政策在践行中大打折扣。

更进一步说,它给我国媒介业的发展带来了很多特殊问题。一方面,一些媒介单位以事业属性为旗号,通过政府规制来谋取非市场的特殊利益,造成市场发展上的不公平竞争;另一方面,在几乎所有的作为上都以一己的利益最大化为取舍,而罔顾社会公益。

在实践中，某些媒体主管部门表面上在执行中央的政策，实际上是为本部门的利益而战，中国的媒介规制就像一块橡皮泥，需要什么形状就可以捏成什么形状，需要怎么解释就可作出相应解释。当报纸和电视进行跨媒介合并的时候，对自己有利了，自己就说融合在经济上促进媒介产业做大做强，在政治上可以实现高效的舆论引导。但当这种合并触及了自己的利益时，它又可以说，跨媒介合并不利于舆论的多元化，容易形成垄断……中国的媒介规制成了"可以随意打扮的小姑娘"。在很多时候，当某一部门为获取自身利益的时候，总能找到一把意识形态上堂而皇之的尚方宝剑，诸如信息安全、舆论导向之类。明眼人都看得出这是一种打着红旗的伪社会效益。于是，在这双重属性的规定中，原本的社会正义和公益逐渐被抽离，而市场化中的恶行却未能得到有效的制止，我们的媒介规制面临着与其构建的初衷大相径庭的悖论式尴尬。

3. 媒介规制的随意性强

按照现代法理，任何法律的规范首先是对权力者行为的规范。但是，现阶段我国媒介规制的构建中，这一内容几乎为空白。从所出台的这些媒介规制的发布程序来看，中国的媒介规制多是行政性命令而少有法律条文，甚至有些规制就是一个会议上一位领导的讲话或者一个电话的招呼。2004 年 12 月 21—22 日博鳌会议上宣布停止审批事业性质的广播电视集团，始于 1999 年的广播电视集团化在进行了 5 年后突然夭折。有时候一个党政部门或是相关部门领导的一张批条或一个电话就可以对某一传媒横加指责，甚至给予没有制度与法规依据的处罚。这导致中国的媒介规制具有极大的随意性，缺乏规范性、权威性和连续性。这样就造成媒介规制执行起来效率低下，往往需要通过行政上的三令五申、反复强调才能起到些许效果，而一些胆大的下级则可能出于种种原因而屡屡犯禁。

目前我国的媒介规制对媒介业产权制度的规定是极为模糊的。从经济学的角度看，只有产权明晰且具有排他性，才能带来责权的统一，从而激励产权所有者寻求产权带来的最大价值。但实际情况是，正是由于中国媒介产权的非排他性，导致政治权力无法与经济利益分离，从而引发媒介寻租和腐败现象。

从规制的内容来看，媒介规制更多的是限制性的义务，而非保障性的权利，如

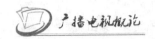

目前涉及广播电视、新闻出版方面的规制没有明确规定公民自由传播的权利，缺少有效地保护公民的知情权、监督权和大众媒介的采访权、报道权的规定。另外，很多媒介规制还存在空白点，譬如如何清晰界定中国媒介领域中的公益型事业与经营型产业的区别；媒介事业部分与产业部分剥离后，其经营主体如何真正落实；报纸管与办分离后，管的职能如何到位，哪些该由政府管，哪些由市场解决等都缺乏明确的规定，其执行起来的成本也是很高的。

4. 现阶段我国媒介规制缺乏规范性和透明度

由于中国媒介规制缺乏规范性和连续性，在后续规制乏力的情况下，给各种潜规则提供了盛行的土壤，寻租现象四处存在，销蚀传媒产业的整体利益。1982年度诺贝尔经济奖得主、规制经济学的创始人施蒂格勒曾经分析过管制俘获理论（Capture Theory），他指出，政府规制是为满足产业对规制的需要而产生的，即立法者被产业所俘虏；而规制机构最终会被产业所控制，即执法者被产业所俘虏，从而导致管理者本身变成了管制的既得利益者，于是他们就会寻找到各种各样的借口，建立更多的规则。在这种情形下，媒介规制往往不是获得最大的市场占有和提升资源利用率，而是追求权力的最大化和职位的最多化，利用政府赋予的合法权利来创制更多的管制，导致规制无效率。

三、我国广播电视经营管理体制的改革

党中央已明确将广播电视事业归入第三产业的范畴，广播电视的发展与社会主义市场经济密切相关，广大广播电视工作者都将面临着新的课题：如何坚持正确的舆论导向，完成大众传播媒体的宣传、教育的主功能，同时积极开展经营创收活动，实现社会效益和经济效益的统一。在改革开放三十多年的过程中，尤其是结合20世纪90年代以后对广播电视大幅度改革的实践，笔者对建立全新的广播电视机制提出以下建议。

（一）加强新闻节目，强化"喉舌"功能，树立舆论导向

新闻节目是广播电视节目的主干，各广播电台、电视台之间的竞争很大程度上

反映在新闻报道的竞争中。在国外，新闻节目不仅占播出节目总量的很大比重，同时还成为衡量一家电台、电视台水准的重要指标。

在我国，新闻类节目是实现广播电视"喉舌"功能的重要形式。广播电视事业是我国社会主义新闻事业的重要组成部分，作为上层建筑的组成部分，广播电视必须具有鲜明的阶级性。我们广播电视是党和政府的耳目喉舌，是联系党和群众的重要途径，也是树立正确的舆论导向、维护社会风尚的重要手段，而新闻类节目是实现广播电视的政治功能、舆论导向作用的最重要、最直接、最集中的形式。

随着改革开放的不断深入，尤其是邓小平同志南方谈话之后，受众对社会生活各个领域的发展变化乃至对国际重大事件的关注度不断提高。为满足广大受众的需要，新闻报道不断发展，从倡导短新闻、增加信息量到加大经济报道的力度；从拓宽报道面、挖掘深度报道、进行系列报道到延长新闻节目时间、混合编排国际国内新闻、滚动播出和现场直播等。全国电台、电视台为了适应这种形式纷纷增加了新闻节目的播出比重，同时提高新闻报道的时效性和质量，形成了一批有影响力的新闻节目，如中央电视台的《新闻30分》、《东方时空》、《焦点访谈》、《新闻调查》，上海电视台的《新闻透视》、《新闻观察》等。在加强新闻节目比重的同时，有些地方的广播电台、电视台还成立新闻中心，改变过去那种部门繁多、各自为政、力量分散的小生产方式，实行科学组合，发挥新闻中心的规模效应，实现规模效益，提高快速反应能力，增强实效性，一些广播电台和有线电视台还开设了专门的新闻频率/频道。

新闻改革的直接结果是广播电视新闻节目质量的明显提高，不仅形成了一批有影响力的"拳头"产品，同时也加强了新闻评论、深度报道的力度，充分发挥出了新闻节目扬清激浊、扬善惩恶、针砭时弊等舆论引导、舆论监督的作用。注重新闻报道，树立正确的舆论导向是社会主义广播电视事业的重要职能，在广播电视进入市场经济轨道后应着重实现这一政治功能。要不断地深化改革，使新闻更加贴近实际、贴近群众、贴近生活，反映中国人民经济建设、社会发展和改革开放的成就，进而能动地指导实践，正确引导社会舆论。

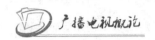

（二）改变政府职能，加强宏观调控

我国的广播电视事业在发展初期，采用了中央广播事业局和地方政府双重领导，但以中央广播事业局管理为主的体制。到20世纪80年代之后，我国广播电视开始迅猛发展，尤其是各地新建电台、电视台纷纷出现，原先纵向为主的管理机制改为现行的"条块结合，以块为主"。这种管理体制一方面促进了地方党政机关加强对广播电视部门的领导，提升了地方兴办广播电视事业的积极性；另一方面也因为"双重领导"体制的不明确而衍生出一些矛盾。

（三）引入公平竞争机制，在市场竞争中求发展

长期以来，我国的广播电视系统基本是大台垄断的格局，由于计划经济的影响，受众对于媒体缺乏选择，媒体之间也缺少必要的竞争机制，一直都是中央台一统天下，省台分据各地的大格局，竞争只存在于个别广播电视事业比较发达地区（以上海、广东为代表）的地方台与中央台，以及一些都市台（尤其是省会市台）与省台间，基本对大格局没有影响。由于缺乏竞争，各地各级电台、电视台普遍缺乏活力，节目陈旧，对受众缺少吸引力。这事实上已经阻碍了广播电视事业的发展。

随着社会主义市场经济体制的建立，为广播电视的再度发展提供了难得的机遇。广播电视的双重性质，决定其必须在追求社会效益的同时，也要注重经济效益。作为产业，广播电视业必须纳入市场经济的发展轨道之中，既服务于市场经济，又参与其中，在市场经济的公平竞争中生存、发展。

公平竞争促进了广播电视的蓬勃发展，但在个别地方也出现了一些相互倾轧、降格迎合等恶性竞争的势头。在倡导社会主义市场经济体制下公平竞争的同时，也要时刻记住，各个台之间不存在根本的利益冲突，都是为传播社会主义精神文明，为人民提供丰富的信息和娱乐而服务的，因此，广播电视的公平竞争要注意以下几个问题：

1. 坚持社会主义宣传方向和舆论导向不能变

在市场经济的大潮中，广播电视不能放松政治思想宣传工作和舆论导向工作，绝不能为追求"短期、局部利益"而放弃原则、降低格调，这是我国广播电视业与资本主义商业电视根本不同的地方。

2. 广播电视竞争应有社会参与和社会调节

广播电视竞争不仅在行业领域进行，还必须走一条社会化大生产、小协作的道路，实行跨行业协作，这是社会参与广播电视竞争的首要表现。同时，广播电视应开门办台，动员广泛的社会力量参与其中，如由制片人组织社会力量制作节目、不同媒体协作联合等。依靠社会力量参与和调节广播电视竞争，投入少，产出快，是一种卓有成效的尝试，符合市场经济的特点。

3. 综合开发，资源共享

参与市场竞争是一种理性的行为，但竞争间还存在着合作的关系。对一些有利于各方的事项，应本着节约资源、避免重复的原则走联合开发之路。如重大任务的携手联办，建立联合的节目档案管理，独立的节目中介机构等，使竞争各方集中精力，真正做到事半功倍，这符合市场经济理性分工协作的特点。

4. 事业发展、共同繁荣是广播电视竞争的终极目标

竞争作为市场经济不可缺少的成分，必须从无序到有序，走理性、规范之路。我国各广播电视间不存在根本的利益冲突，竞争不是目标，而是达到社会发展、经济发展、事业发展目标的必要手段，所以竞争不是短期行为。广播电视的事业发展、共同繁荣必然是广播电视竞争的终极目标。

第二节　我国广播电视事业的集团化发展

一、我国广播电视事业集团化发展现状

集团化、多元化、全球化已成为当今世界传媒发展的主要趋势，并深刻影响着世界传媒业的发展走向和整体格局。中国传媒集团化以报业集团的组建为发端，近年来中国广播电视集团化改革也迈出了重要的步伐。

1999 年 6 月 9 日，全国第一家广播电视集团——无锡广播电视集团正式挂牌成立。无锡广播电视集团的成立，其实践探索的价值已远远超过了理论推广的意义，

中国广播电视集团化改革的序幕由此拉开。

2000 年 11 月 7 日，广播电影电视总局下发的《关于广播电影电视集团化发展试行工作的原则意见》明确规定，广播电视在以宣传为中心的前提下可经营其他相关产业，逐步发展成为多媒体、多渠道、多品种、多层次、多功能的综合性传媒集团，其目的是使这些集团做到广播、电视、电影三位一体，无线、有线、教育三台联合，省、地、县三级贯通，资源共享，人才共用，优势互补。

2000 年 11 月 27 日，我国第一家省级广播电视集团——湖南广播影视集团宣布成立。这被认为是我国广播电视的体制创新，是实行真正意义上的集团化动作的重要标志。湖南广播影视集团以广告、节目、网络三大主业为依托，涉及广播、电视、电影、印刷媒体、网络媒体、市场调查、旅游、酒店等多种行业，其最终目标是形成集团化运作、集约化经营、企业化管理、规模化发展的现代广播影视媒体集团。继湖南之后，山东、上海、江苏、北京、浙江等地广播电视集团纷纷成立。

2001 年 8 月，中办、国办下发的《关于转发中央宣传部、国家广播电影电视总局、新闻出版总署〈关于深化新闻出版广播影视业改革的若干意见的通知〉》对组建广播电视集团的指导思想、原则、体制、融资等作了全面规定，第一次明确要求积极推进集团化建设，实行跨媒体、跨地区经营，把集团做大、做强。这在我国广播电视集团化发展史上具有里程碑式的意义。

二、我国广播电视集团化发展过程中所存在的问题

我国的广播电视集团化虽然已走出了重要的第一步。但是，这些集团的组建都是在政府的安排下进行的，是政府行为的产物，不是市场自主行为，其实质就是以行政级别确定广播电视业的管理，并在以行政区域划分为前提的条件下进行媒体行政控制权的改革。其结果是广播电视集团在打破旧的行政级别限制的同时又被套上了新的行政级别，集团与同级的广播电视行政管理部门平级，直属当地政府领导。因此，各地的广播电视集团只是强化了对当地广播电视产业资源的独占意识和行为，进一步密切了与当地政府的关系，并由此形成了地方行政和广播电视集团利益

的紧密结合，强化了广播电视产业的地域垄断性，没有形成集团内部的各自有机融合的专业实体，也没有在专业领域实现资产的优化组合。因此，广播电视集团化进程中明显存在以下几个问题：

（一）从机制层面看

集团化克服了无序的恶性竞争但没有将广播电视产业带入规范的市场环境，尤其是资本运营并没有走向市场化。广播电视集团仍然作为社会主义新闻事业单位，由国家经营，不得吸收外资和私人资本。这种单一的由国家控制的产权结构，使得广播电视集团在进行多元化经营扩张方面遇到了相当的困难，并因此而减弱了竞争能力。

（二）从产业类型层面来看

近年来，国外传媒集团相互兼并的主要趋势是广播电视媒体、传统的印刷媒体和新型的网络电子媒体的强强联合，国外传媒集团几乎涵盖了所有媒体产业类型及其相关行业，是真正意义上的跨媒体、跨行业的综合传媒集团。中国的广播电视集团除了广播、电视是跨媒体经营外，其他传统印刷媒体和新兴网络媒体都是广播电视系统内的带行业性质的媒体产业类型，且只是简单意义上的跨媒体经营。

（三）从市场层面看

集团化后，买方市场走向割据与垄断，形成不公平交易的市场环境，节目市场仍然缺乏健康持续发展的动力。

（四）从资产规模看

集团化解决了电视产业结构小型分散的问题，但大型分散的问题并未解决，国内的广播电视集团与国际传媒巨头相比仍然存在较大的差距。如时代华纳，2005年收入为434亿美元，而中国广告收入最高的中央电视台的广告收入只有120亿元人民币。

（五）从赢利模式层面看

我国的广播电视集团赢利模式过于单一。这种单一性主要表现在两个方面：第一，赢利媒体产业分布不均匀，以电视及其广告为主的收入比例过重，在集团的整个收入结构中电视广告收入占70%以上；第二，除广播、电视广告收入外，节目发

行及其他行业的赢利能力较弱，有的甚至亏本。

第三节　我国广播电视事业的财务管理制度

广播电视财务管理是广播电视事业管理的重要组成部分。深化财务管理改革、提高财务管理水平、建立健全财务管理制度是社会对广播电视行业财务管理的新要求，也是完善和发展广播电视事业的重要措施。

一、我国广播电视事业财务管理制度的问题

（一）理念问题

在我国的各地的广播电视（以下简称广电）企业中由于受传统事业单位观念的影响，企业的财务管理观念陈旧，财务管理模式缺乏创新，严重制约了财务管理对企业经营发展的作用。从我国目前的广电行业的实际情况来看，企业一方面承担着宣传职能，另一方面还要面对市场经济的竞争，广告收入目前已经成了广电行业生存与发展的重要资金来源与渠道。这种现状造成了广电行业目前还没有统一的财务管理制度，尤其是节目制作成本核算缺少必要的制度化管理。如果企业在财务管理理念上不能够做到与时俱进，就无法面对不断变化的市场竞争的要求，必将对广电行业的发展产生消极的影响。

（二）财务管理制度不健全

我国广电的管理体制中对经营性产业和公益性事业不进行区分，对产业发展的重视力度不够。从现阶段的发展来看，该行业的经济属性越来越明显，以广告等经营收入为主的资金解决模式已经成为高消耗的广电行业获取资金的主要方式。原有的财务管理制度已制约了行业的发展，主要表现为不重视事前预测收入管理及资产管理，很多企业在日常工作中对究竟需要多少经费缺少财务预测，对企业的收入管理缺乏必要的监督，用于事业发展的资金比较少。部分企业国有资产管理和财务管

理联系不紧密，主要表现为核算制度不健全，账外资产多，故账本不配套或者账物不相符的情况时有发生。我国广电企业的财务管理中财务监督制度不健全是目前广电企业存在的问题之一。由于财务监督制度的不健全，造成了广电企业在日常经营管理过程中在资金管理上缺少有力的调控及监督手段，造成了企业在财务管理上的诸多问题，表现为广电企业的财务工作人员对企业的不合理开支不管不问，只要领导同意就给予报销，在财务管理上缺少应有的职业责任及职业道德。

（三）财务人员素质有待提高

无论是从行业发展的角度来看，还是从企业发展的角度来看，人才是企业和行业发展的核心要素，是提供竞争能力的关键因素。广电行业的产品属于文化产品范畴，与其他产业的产品相比，人的主动性对该行业的影响更深。从目前广电行业的情况来看，财务管理的作用越来越大，而广电的财务人员的能力亟待提高，财务人员的工作质量和效率直接影响着广电企业投资的收益，对企业的经营管理影响极大。良好的财务管理水平可以为企业的经营决策提供依据，同时良好的财务管理还可以保证企业在良性的发展轨道上不断壮大自己的竞争能力，而这些都离不开财务人员的工作支持。但是受传统管理体制的影响，目前广电企业的财务管理人员的财务专业知识不足，在预算管理及投资管理方面的能力还需要进一步提高。

除此以外，广电企业还存在着盲目投资、不重视成本管理的问题，广电企业因为投资失误给国家带来的损失是不容忽视的。

二、新形势下我国广播电视事业财务管理机制的创新

广播电视技术的高科技化和广播电视行业的产业化发展新形势，需要我们对现行的广播电视行业的财务管理进行深层次的思考，进而推动财务管理机制的创新。传统财务管理只注重人与物的关系，而科学的财务管理不仅有对物的管理，更注重对人与人关系的管理，这种管理最终要落实到两个方面：一是企业内部的会计制度设计，二是企业外部的会计准则制定。广播电视行业良好的内部控制制度与有效的会计准则是改进财务管理机制的重要保证，也是完善财务管理结构，建立现代企业

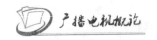

制度，从而使产业战略目标得以实现的重要举措。面对国外传媒业的挑战，我国广播电视行业财务管理结构也应当进行相应的变革与创新。

（一）树立财务管理的新观念

财务管理的本质是从价值角度对企业资源进行优化配置。而在知识经济占主导地位的新经济时代，财务主体不仅由物质资本所有者构成，还越来越多地由物质资本所有者与知识资本所有者共同构成，财务目标也由原来的企业价值最大化变为货币资本所有者、知识资本所有者、债权人、经营者、政府、员工等各相关者利益的最大化。财务管理的核心——财务资源也由原来的物质资源变成知识资源、人才资源、信息资源、网络资源及市场资源等。因此，财务管理的内容由原来的对资金的筹集、运作、收益和分配扩展为除资金之外，还有对知识与人才的投资、储备、运作，收益与相应的风险控制的管理，以及收益如何在资本所有者和知识产权所有者之间进行分配的管理。

（二）传媒专家参与财务管理

广播电视行业的财务管理除吸引利益相关者参与外，还应吸纳外部的知识和信息专家参加，包括广播影视专家、播音员、节目主持人、记者、编辑、节目或栏目制片人等。这些专家的参与方式是参谋型而不是控制型的，但对推行财务分层分级管理及实行民主式和参与式财务管理具有重要的作用。同时，还要研究知识资本所有者参与收益分配的原则与方法，构筑一套涵盖泛财务资源的企业财务评价指标体系。

（三）加大资本经营的力度

国家已经调整了投融资政策，允许广播电视进入资本市场，这将成为促进广播电视产业发展的强大推动力。资本经营是对资本的筹划和管理活动，其类型有三种：一是资产重组，即通过调整资产存量、增量结构和资产功能来提高资产运作效率。具体方式有多元化经营、兼并与收购、剥离与分立、对外投资和跨国经营等；二是负债经营与债务重组，债务重组的具体方式有以非现金资产偿还债务、修改负债条件及债权转股权等；三是产权重组，即通过产权主体的换位、产权主体的多元化、产权功能的分割等提高资产运作效率。具体方式有股份制改造、股份合作制改造、产权转让合资与联营、承包制、租赁制、授权经营、托管、破产等。在资本经营活动中，收益、成本与风险并存。因此应研究对资本经营进行科学决策和有效控制的程序与方法，同时还应研究制定一套资本经营的效率评价指标体系。

三、我国广播电视事业财务管理制度改革的策略方法

财务管理机制的创新不仅需要战略思想的引导，更需要一系列具体的策略方法的实施。

（一）建立行之有效的财务管理制度

首先，应在实行财政收支两条线的基础上，将各项经营收入列入单位预算管理体制，并定期将实际成本与预算成本进行比较，衡量预算执行情况；其次，各类费用分摊程序和方法采用作业成本法，以提供更为精确的成本信息，减少损失与浪费，并提高财务决策、计划、控制的科学性和有效性；第三，为广泛的媒介资本运营特别是媒介资产重组打下坚实的基础，规范操作行为并及时实施监督，有效控制风险。

（二）深化广播电视行业的财务制度改革

结合广播电视行业的实际，尽快建立起一整套规范化、科学化的财务管理制度，建立健全节目经费管理办法、节目赞助管理办法、联办节目管理办法、广告收入管理办法等，做到有章可循、有制可依。

（三）提高财务人员的综合素质

目前采用的预算会计已不能适应事业发展的需要，财务人员必须加强企业财务理论的学习，提高自身素质。一是要加强业务培训，不仅要学习各种会计理论知识，还要结合本行业实际，使二者有机结合并充分发挥其作用；二是要加强职业道德建设，在新形势下每一个财务人员都要加强财经法规的学习，在工作中强化监督和制约机制，做到学法、知法和守法；三是不断深化人事制度改革，建立和完善人才激励机制，重视加强专业技术人才资源开发，努力做到人尽其才，才尽其用，并建立起公开平等、竞争择优、奖优罚劣的用人机制。

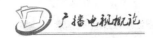

（四）改革成本核算制度

成本核算和控制是广播电视行业进行科学管理、提高效益、走市场化运营的必然之路。通过全面、有效、科学的成本核算和成本控制，大幅度地降低物化劳动耗费和活劳动耗费，最大限度地拓展赢利空间，增强发展后劲，从而推动本行业整体经济实力的增长。财务部门应树立成本观念，增强效益意识，按照经济规律办事。同时完善经济责任制，缩短节目制作周期、降低成本并和个人利益挂钩，以激发员工的工作积极性和创造性。

第六章　广播电视传播的符号系统

符号是信息的外在形式或物质载体，媒介依靠符号传播信息，因此符号是广播电视节目的基本要素。传播学把人类所使用的信息传播符号分为语言符号与非语言符号两大类。语言符号，即运用概念作出判断推理的抽象符号，包括人声语言和文字语言，是人类最基本的符号体系；非语言符号，是指语言符号以外的直接为人们的感觉器官接收的各类具象符号，包括语言符号的伴生符，体态符号和物化、活动化、程式化的符号。此外，传播符号还可以分为听觉符号和视觉符号两类，其中听觉符号包括人声语言、音乐及音响；视觉符号包括图像、色彩、图表、新闻照片、字幕、画面特技符号等。

不同的大众传播媒介拥有各自独特的符号系统。广播是声音媒介，声音是广播媒介信息传播的唯一手段。广播所使用的语言符号，包括由现场讲话的语言和演播室讲话的语言组成的抽象音响语言，非语言符号则由人为音响、自然音响和音乐等具象音响语言组成，主要用来表现环境、气氛、场景等。与广播单一的传播方式相比，电视则声画并茂，既包含声音又包含了声音之外的视觉符号。电视使用的语言符号，除了广播所用的抽象音响语言外，还有由画内文字和屏幕文字组成的文字语言。其非语言符号，除了具象音响语言外，还有非常重要的画面造型语言，包括色彩、造型、光线、运动以及图片、图表等。

第一节　听觉符号系统

广播电视都是依靠声音进行信息传播的媒介，尤其是广播几乎完全依靠听觉符号系统传播信息。具体说来，广播电视节目中的声音包括人声语言、音乐、音响三大要素。其中，人声语言是广播传递信息的最主要手段，音乐、音响是渲染气氛、增强传播效果的辅助手段。

一、人声语言

所谓"人声语言"，是指广播中的人物在表达思想和情感、叙述事情时所发出的有声话语，即有声的口头语言。人声语言是人类交流思想、传播信息、表情达意的主要工具，也是广播电视节目中的重要元素。

（一）广播节目中的人声语言

人声语言是广播诉诸受众听觉系统的最基本、最直接、最重要的传播手段。广播节目中的人声语言包括主持人的播音语言、记者现场报道语言、实况语言等，在节目中处于核心地位，承载着节目的内容，发挥着无可替代的作用。

广播节目中人声语言的作用概括起来，主要有以下四点：

1. 传递信息

传递信息是人声语言最主要的任务。广播中的新闻、教育、服务等节目，需要传递大量客观信息，音乐和音响都无法确切地表达这些信息，只能依靠人声语言来传递。

2. 整合节目内容

为了保持广播节目的完整性、连贯性，在节目的各个段落之间，或者不同的栏目、节目之间，往往需要用主持人或播音员的人声语言来进行连接、过渡。这样就不会因为节目内容的突然改变，造成理解上的障碍。如新闻类节目中的直播报道，在直播节目开始时，主持人会反复播报台名、台的频率呼号、节目的名称等，以此来提醒听众，告知听众现在是什么节目，然后才开始实质内容。节目中如果要进行连线报道时，也需要主持人的语言来提示听众节目将过渡到下一个环节。

3. 表达情绪、渲染气氛

特定的语气、语调能够表达不同情绪、渲染特殊的气氛，广播节目可以用有声语言营造特定的艺术情境，让听众产生符合情节和逻辑的联想，犹如身临其境。例如颤抖的声音营造一种阴森恐怖的气氛，急切的呼救声表现人物紧张、害怕的情绪，深沉凝重的语气表达一种追思怀念的感情，欢声笑语渲染其乐融融欢乐祥和的氛围。

4. 张扬人物个性

不同的人物拥有不同的性别、年龄、经历等，形成个人在语言表达时惯用的组织方式和特有的表达手段。同样，不同的声音能表现个人鲜明的性格、张扬独特的个性，是识别人物的重要标志。人声语言的不同特色在观众心目中塑造了不同的人物形象，播音员、主持人正是利用自身富于个性的语言来赢得观众的喜爱的。

(二) 电视节目中的人声语言

和广播一样，人声语言也是电视节目中的重要组成部分，它与电视画面有机地结合在一起向受众传递信息，对电视画面起着引导、补充、解释、说明的作用。根据电视声画并茂的特性，可将电视节目中的人声语言分为画内语言和画外语言两种。

画内语言指的是电视画面场景中的有声语言，是在记录图像信号的同时记录下的声音信号，又被称为"同期声"。在新闻节目中还包括记者在新闻事件的现场进行的现场报道。画内语言带有现场的气氛和情绪，具有强烈的真实感和现场感，可以增强内容的可信度和客观性，并能鲜明地表现人物的性格特征。因此，现在越来越多的电视新闻节目，尤其是突发性新闻事件，都采用现场报道的方式，其他电视节目也越来越重视对同期声的运用。

画外语言是指为了补充说明电视画面中所要表达的意蕴，在后期制作中加入的有声语言，是电视画面所反映的现场图景中并不存在的有声语言。主要包括解说词、旁白、独白、串词、导语等。解说词多用于新闻节目和电视专题片，可以阐释深化节目的内容，进行补充性的说明，丰富和延伸画面的内涵，节省不必要的画面语言，增强电视的表现力。旁白和独白多用于电视剧中，起到解释、补充画面的作用，并能表达人物的内心活动。串词和导语一般用于新闻播报当中，将节目的各个部分联结成有机的整体，增强节目的系统性和整体感。

与广播不同，电视节目中的声音不再是最主要的传播符号，它更多被用来配合画面、诠释画面的含义，结合电视画面来发挥作用。具体说来，在电视传播中声音的作用表现为以下几点：

1. 补充说明画面内容

电视节目主要是给人看的，图像画面是电视节目的基础，在节目构成中有十分重要的作用，但是电视画面也具有一定的局限性，有些内容单纯依靠画面难以准确表达，例如画面难以表达理性的内容、内在的思想，难以对事物发表评论，同时，在某些特殊时刻难以、不便或无法拍摄到画面，这时需要声音来加以补充说明。

2. 增强传播内容的现场感和真实感

现场音响、人物的同期声等声音中包含许多现场的因素，是事件中不可缺失的部分。没有声音的画面，只是视觉形象的堆砌，无法完整地展示事件，很难让人们相信。视听结合，让声音加入画面，才能给观众以真实感。

3. 打破画面的时空限制

画面受时空的限制，只能传递摄像机拍摄到的图画形象，而声音在叙述内容上具有较大的自由性，不受画面的时空限制，既可以讲述现在，也可以讲述过去和未来，而且声音还可以自由地阐述深刻的见解和抽象思维的内容，表达深邃的思想和哲理。这些都是画面力所不能的。声音和画面的结合，可以大大拓展电视传播的时空范围，扩充电视传播的容量。

4. 渲染画面气氛、反映人物内心活动

人物的内心活动，如感觉、知觉、思维、情绪等，很难用图像来显示，而语言的抽象意义则是刻画描写心理活动最有效、最直接的方式，具有奠定画面基调、反映人物内心活动的作用。特别是人物复杂的心理活动，只能依靠有声语言的表达，或用第一人称的口吻说心里话，或从第三人称的角度对人物的内心活动加以旁白。

5. 作为结构要素连接画面

各类电视节目图像的组接、场景的转换，都需要一个过渡的"纽带"。声音具有很强的组接、转换画面的功能。无论是同一场面的不同画面，还是不同时间、不同空间的画面，都可以用一段流畅的声音联结在一起。声音连接的画面，虽然变化多端，却有其内在的纵向或横向的联系，或是一件事情的前后相因，或是某个事物的侧面，声音凭借其内在的逻辑，将这些不同时空的画面自然流畅地组合，浑然一体。很多电视节目都是运用声音组接画面这一功能，利用一段完整而连续的音乐、

音响或者人声语言把原本散乱的画面流畅地剪辑在一起。

（三）广播电视中人声语言的要求

人声语言是广播电视符号系统中重要的构成要素之一，在传播过程中必须使用适合广播电视传播特性、合乎广播电视要求的语言，才能达到相应的传播效果。

1. 口语化

口语化是广播电视对人声语言最基本的要求。广播电视的人声语言要善于把深刻的思想、复杂的问题等用浅显易懂的语言来表达，力求通俗，接近生活，使各行各业各层次的听众都能一听就懂，达到"播来上口，听来顺耳，易懂易记"的要求。在词语方面，少用书面文字用语，多用口头词语；少用单音词，多用双音节词；少用关联词，多用语气词；少用或不用专业术语，不用生僻的成语、典故。在语音上，避免使用容易引起歧义的词语。在句式的使用方面，少用或不用倒装句、长句、欧化句，多用口语中常用的短句子。当然，广播电视人声语言的口语化并不是指对日常生活中的口头语言的照搬，而是对口头语言的加工提炼，剔除其中不健康、不规范的语言现象，达到雅俗共赏的效果。

2. 规范化

广播电视是面向社会大众的大众传播媒介，其受众十分广泛，影响范围广，具有一定的示范和引导作用。广播电视的语言表达也在潜移默化中影响人们的语言习惯。广播电视节目中规范的语言表达有助于带动全社会语言的规范化。

（1）在语音上，要求表达准确。广播电视的人声语言必须采用规范的普通话语音，准确读音，避免语言中的方言痕迹，避免语音的错读和误读。

（2）在词汇上，要求用词规范。广播电视的人声语言需要讲求词汇的准确和适用，尽量使用统一的、规范的、易懂的词汇，避免滥用方言、俚语、缩略语、生造词、外来词，少用专业名词。

（3）在语法上，要求避免语病。广播电视的人声语言应尽量避免出现成分残缺、搭配不当、词语错位、结构混乱、关系失调、语序安排不当等语法错误。

3. 形象化

广播电视的语言表达要形象化，不仅让广大听众能够明白语义，还要有具体的形象，调动受众的想象力，给人们留下生动、鲜明的印象。广播电视的语言越具体、越质朴越容易激发人们的想象，因此，在表达中要避免抽象化、概念化和哗众取宠，要善于用具体的事实、生动的材料来说明抽象的道理，实事求是，表达真情实感，使受众身临其境，产生情感的共鸣。

二、音乐

音乐是经作曲家依照一定规律创作出来的，有旋律、节拍、节奏、调式、和声、速度、力度、音色、音域、音区、织体、曲式等，由演奏家、歌唱家表演而完成的作品，是通过有组织的乐音所形成的艺术形象来表达感情、反映社会现实的艺术。它是通过演唱或演奏为听众所感受的非造型表演艺术，伴随时间不断延续的一种动态艺术。

在广播电视节目中，音乐既可以组成独立的节目单元，也可以是节目的一部分，主要有三种存在形式：音乐节目、节目音乐和实况音乐。音乐节目是以音乐为节目内容，专门提供音乐审美信息、供受众欣赏的节目。当音乐在节目中处于从属、服务的位置，成为某个节目系统中的一个组成部分，在节目中担负配合、辅助其他传播要素的功能时，我们常将这种音乐形式叫做节目音乐。实况音乐指的是在新闻类节目中，新闻现场本身存在的音乐，是新闻事实的重要组成部分。

在广播电视节目中，音乐主要有以下几点作用：

1. 作为编辑手段，整合节目

音乐作为广播电视节目的重要元素，在节目中衔接各个段落，可以提高节目各要素之间的整体性。电台、电视台及其固定的节目一般都设定了自己的标志音乐，比如在《新闻联播》的片头和片尾都有固定的音乐。一些节目中时间、地点、场合的转换也往往使用音乐来衔接。当节目本身出现停顿、中断、颠倒等突发情况时，也往往用音乐来填充。

2. 渲染环境，提高节目表现力

音乐具有旋律美和意境美，不同的音乐可以表现不同的情感，对受众的情绪进

行暗示或引导，引起听众不同的情感共鸣，从而提高节目的表现力，增强传播效果。例如轻快活泼的节奏让人兴奋，可以激起受众的热情；舒缓悠扬的曲调让人感觉安逸，可以舒缓受众情绪。

3. 深化节目主题，强化情感

音乐在抒发人物情感和揭示内心活动方面往往有着语言无法替代的作用，在节目中，为了强化受众对节目内容的理解，往往会用音乐来烘托和深化主题。如今，许多节目在制作时都配置了自己的主题音乐，比如专题纪录片《话说长江》、《故宫》、《敦煌》等，都有专门为节目制作的音乐贯穿其中。

三、音响

音响是除人声语言和音乐之外的声音，包括自然声、环境声、动作声等。音响比音乐具有更强的时空感和逼真性，比有声语言更具体、更形象地反映人们的生活和环境。广播电视节目中的音响，主要分为实况音响和音响效果。

实况音响是客观物质运动声波的真实再现，是自然界和人类社会里的真实声音。实况音响有多种划分方式，在内容上，可以分为人声和物声。人声包括人们说话的声音和人的发音器官或身体活动发出的声音，物声包括风雨、雷鸣、鸟叫等自然界的声音和机器、汽车等物体发出的声音。在时间上可分为实况音响和资料音响。实况音响是指在事件发生的当时当地采录的音响，资料音响则没有时间和空间限制，只需是实地采录的真实音响即可。按与采录者的关系，可分为主观音响和客观音响。主观音响是由采录者采访发出的音响，客观音响指的是客观存在、不以采录者的活动为转移的音响。按在节目中发挥的作用，可分为主题音响与辅助音响。主题音响是在报道中能揭示主题、阐明中心思想的音响，是报道中不可缺少的核心素材，辅助音响则被用来体现现场气氛，只起辅助和陪衬的作用。在声音的地位上，可分为主体音响和背景音响，主体音响是在报道中被单独突出使用的音响，是报道的主要表达内容，背景音响则是用于背景压混的音响。

音响效果是为了达到一定的传播效果而人为制造出来的或转借来的声音，又称为模拟音响。音响效果仅具有真实感，不具有客观真实性。因此，在广播电视的新闻、纪录片等纪实类节目中必须使用具有客观真实性的实况音响，而不可以使用音响效果。在文艺性、娱乐性节目中则没有这方面的限制，可以使用虚构、模拟、制作、移植的各种音响来增强传播效果。例如在科幻节目中，常常创作一些现实中不存在的音响来配合新奇、怪异的非日常生活中可以感受到的情景，以渲染神秘紧张的气氛。

广播电视节目中的音响，主要有以下几点作用：

1. 增强内容的真实感

任何事物都有其独特的声音形象，作为事实的一部分，原汁原味的实况音响是直接信息，可以为受众提供真实的、具有现场感的听觉事实，使受众更直接、更具体地感受事实及现场氛围，大大提高了信息的真实性、可信性，增强了传播效果。尤其在新闻节目中，实况音响具有重大的新闻价值，甚至是一些重要历史时刻的唯一见证。

2. 延展时间和空间

音响往往代表着某一特定事件或某一特定人、物，不同音响所具有的典型性、独特性可以引发人们的联想，延展人们对时间和空间的感受。例如蝉的鸣叫声意味着午间的时光，蛙声则表明是夏天的夜晚，鸡鸣所表达的是农村的清晨，鸟儿的啼啭代表着一天的清晨，车声隆隆表明在路上。音响的转换，声音远近大小的变化，都可以给人带来时间和空间转换的感觉。

3. 渲染、烘托环境气氛

在社会生活中，不同的环境气氛会产生不同的音响，而当这些音响被运用到广播电视节目中时，其中所包含的丰富信息，无须语言的修饰和渲染，便能准确传达现场的气氛，迅速唤起受众相同的情感和情绪，从而给人如临其境的感觉。另外，通过音响的强弱、节奏的快慢等的变化，配合特定的情节与画面，往往可以营造出一种或紧张或舒缓，或欢快或哀伤的氛围。

4. 刻画人物的心理活动

人物的各种音响往往是人物的年龄、性别、个性的写照，能够表现人物对事件

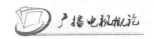

的关切程度以及人物的情感、气质、精神状况和心理活动等，比如说脚步的轻重缓急传递的就是不同的心理状态。另外，从艺术的角度看，借助各种物体的音响信息可以表现特定人物的心理活动、行动状态。

5. 整合节目要素

在广播电视节目中，音响可以和其他节目要素连接，在相互对照、补充、映衬中传递信息。在节目中还可以通过音响效果突出段落分割，提供节目起承转合的信息，实现转场，使节目传承自然、流畅。另外，采用不同的方式组接音响，也会产生不同的艺术效果。

第二节　视觉符号系统

电视是视听兼备的传播媒介，它的表达手段要比广播丰富得多，除了组成以上提到的三大听觉要素外，电视节目还有由画面组成的视觉要素。

一、电视画面

声画结合是电视区别于其他传统媒体的重要特色。画面是电视的最小表意单元，是屏幕框架内所展示的能传达一定信息的静态的可视形象。画面图像的构成因素，既有内容方面的，如形象、照片、文字等，又有形式技巧方面的，如景别、光线、镜头运动等。在这里主要介绍以下几个要素：

（一）景别

景别是指画面范围和构图对象在画面中所占的比例大小，也就是说被拍摄主体在画框中呈现的范围。不同景别的有机组合，能带给观众不同的感受，形成外部节奏感。按照拍摄范围以及人物在画面中所占的位置，一般将景别分为远景、全景、中景、近景、特写五种。

1. 远景

远景是指从较远的距离观察和拍摄时形成的景别，又称大全景。远景画面视野广阔，一般没有明确主体或是人物主体在画面中只占较小部分，多用于交代事件发生的地点及周围的环境，表现大范围的空间、环境、自然景色或众多群众活动的场景，画面细节不易辨清。

2. 全景

全景是用来表现人物主体对象的全部或事件场景的概括的景别。与远景相比，全景画面中有较明确的对象和内容中心，人物成像为全身镜头，能比较清晰地展现被摄对象完整的形态以及所处的部分背景。

3. 中景

中景包括画面主要被摄对象或主体的主要部分，人物成像在膝盖以上，可以表现具有典型意义的局部场景，表现主体的形状特征，反映人物的动作、姿态、手势，能揭示人物之间、人物与场景或所处位置之间的关系，是电视节目制作中尤其是电视访谈、节目主持人现场采访时的常用景别。

4. 近景

近景中被摄主体占画面的大部分，表现成年人胸部以上或物体局部，可以突出人物的情绪、神态和幅度不太大的动作，常用于描写人物情感、精神态势和事物细节特征。

5. 特写

特写时主要拍摄对象或主体的某一局部，或人物成像在肩部以上的景别，突出强调人或物的局部细节，有利于刻画人物心理活动和强烈的情绪特点，揭示人物内心或事物的本质，形象鲜明，视觉冲击力强烈，具有较强的主观色彩和情绪色彩，通常在内容描述的关键时刻或情绪节奏达到高潮时运用。

（二）文字

文字是指在电视屏幕上出现的文字，主要包括画面内文字和节目编辑在后期制作添加的屏幕文字，即通常所说的"字幕"。

画面文字是指摄录的影像内本身存在的文字，例如标语、招牌、文件等。画面文字往往表现了特定事件现场的某些要素，是事件发生的重要证明，可以自然、准确地表达明确的信息，有时比使用单纯的语言描述更为简洁，也更具有吸引力，更具有真实感。比如说画面内的路标、门牌甚至标志性的建筑都可以简单明了地向受众交代事件所发生的地点。

屏幕文字是指根据节目信息传达的需要，在节目后期制作时叠加在影像或屏幕上的文字，是画面内原本没有的文字，主要用于解释画面含义、提示重要信息或附加另外的内容。屏幕文字主要分为标题式或提要式字幕、插入式或进行式字幕、整屏阅读式字幕、注释式字幕四类，在节目中发挥着补充、说明、介绍、引导、强调、扩大信息量和美化构图的作用。

（三）图表和示意图

图表和示意图在信息传达方面具有简化、形象、直观的特性。图表和示意图可以将概念形象化、复杂信息简明化、复杂关系条理化，它可以把一些事实材料以有序、直观的形式展示出来，能够省却解说词的赘述和重复，使影像难以涵盖或表现、语言叙述难以表达和理解的内容变得一目了然。电视画面中常出现的图表有统计图表、分析图表等，示意图有气象云图、地图、卫星运行轨迹等。

（四）照片、图片和动画

在电视节目中除了活动的影像资料外，一些照片、图片和动画也是十分可贵的信息传达方式。经常在没有、无法或不宜拍摄活动影像的情况下，尤其是在因时间久远而无法找到历史的影像记录时，可以使用照片、图片或动画来表达，使得电视画面更加丰富、生动。

（五）色彩

色彩作为一种传播符号，使电视缓慢产生强烈的现实感。同时，色彩具有传统习惯和民俗特点所约定的象征性意义，如红色代表热情、喜悦、勇敢、斗争、血腥；黑色则常用来表达恐怖、神秘、沉着、恐惧以及悲伤。

二、声音和画面的组合方式

声音与画面共同作为电视重要的传播符号，共同服务于广播电视的节目内容。声音与画面的组合关系直接影响着传播的效果。目前常见的电视声画组合方式，有"声画合一"和"声画对位"两种形式。

（一）声画合一

声画合一是指电视画面和声音同时指向一个具体形象的声画结合形式，电视主体的形象和声音同时出现，声音和画面同步发生、发展，视听高度统一，使画面和声音相互映衬、相互渗透、彼此说明、互为补充，具有较强的真实感，也称为"声画对应"关系。声画合一是最简单、最常见的声画结合形式。

声画合一又包括画内声画合一和画外声画合一两种形式。画内声画合一，即画内音响和图像画面的统一，主要表现为画面内人物或物体的动作产生了声源。例如记者的出镜报道，所拍摄的现场画面要与人物的同期声以及现场的环境音响同步；在播放汽车飞驰的画面时，可以同步听到的汽车引擎声。画外声画合一，即画内形象和画外音响的统一，画外音响一般就是对画面形象的说明或提示，常见于配合画面的新闻播报和运用画外音解说的纪录片与专题片。

（二）声画对位

声画对位是指电视节目中画面与声音按照自己不同的规律各自表达不同的内容，表现不同的事物信息，从不同的方面说明同一含义的声画结构形式，又称"声画对列"。声画对位强调声音与画面的独立性与相互关系，利用声音和画面不同步所产生的信息差距充分调动人们视听两个感知通道的"注意力"，通过观众的联想，达到对比、象征、比喻等效果，加大感知深度，产生声画自身所不具备的新寓意，常运用于文艺性节目的旁白、独白、画外音等之中。在电视新闻节目中声画对位主要运用于阐述画面无法表示的新闻事实，以及记者或权威人士对画面所展示的新闻事实所发出的现场评论。另外，当画面信息十分清晰，而观众仍对一些问题存在着疑问或题外的误解或更深层次的要求时，也通常会运用声画对位的方式在节目制作后期增加报道词来对画面进行分析、解释和说明。

值得一提的是，不少学者提出了另一种声音和画面的组合方式即声画分立，是指在电视节目中画面与声音相互离异，表示相反意义的内容。在这一点上，本书认为声画分立只是声画对位的另一种形式，因为从本质上来看，声音与画面虽然表达相反意义的信息，但仍然是围绕着同一中心内容和主题思想。

事实上，"声画合一"与"声画对位"只是处理电视声音和画面关系的两种不同手法，没有好坏优劣之分，需要具体情况具体分析。在实际的电视节目中，这两种声画关系常常被综合起来运用。

【复习思考题】

1. 电视的人声语言有哪些作用？

2. 音乐在广播电视节目中主要发挥哪些作用？

3. 音响效果的独特作用是什么？

4. 广播电视中使用有声语言的要求有哪些？

第七章　电视媒体的传播

第一节　电视媒体的信息传播

一、信息的概念和特征

（一）信息的概念

信息作为科学概念最早是由信息论的奠基人香农于 1948 年在他的《通信的数学理论》中提出的，即"信息是用来消除不确定性的东西"。此后，随着科学家对信息研究的不断深入，各种各样的定义层出不穷。信息科学认为，信息是物质的普遍属性，是一种客观存在的物质运动形式，它在物质运动过程中所起的作用是表述它所属的物质系统，在同其他任何物质系统全面相互作用（或联系）的过程中，以质、能波动的形式所呈现的机构、状态和历史，也就是说一切反映事物的内部或外部互动状态或关系的物质都是信息。在这一广义的概念下，无论是自然界的刮风下雨、电闪雷鸣、鸡鸣蛙叫，还是人类世界的语言交流，或通过其他媒介传播的内容等，都属于信息的范畴。而除了人的生物和生理信息以外的，与人类活动相关的一切信息，我们统称为社会信息。社会信息与其他类型的信息一样具有相同的物质属性，它们都表现为一定的物质信号，以可视、可听、可感的形式作用于人们的感觉系统，经神经系统传递到大脑得到处理并引起反馈。而社会信息还具有其特殊的性质，即它并不仅仅引起人们生理上的作用和反作用，还伴随着复杂的精神和心理活动，伴随着人的态度、感情、价值和意识形态等一定的意义，因而可以说社会信息是"由物理载体和意义构成的统一载体"①。

（二）信息的特征

1. 普遍性

信息的普遍性表现在信息既存在于有生命的有机界中，比如动物界、植物界、

---

① 郭庆光. 传播学教程. 北京：中国人民大学出版社，1999. 5.

微生物界和人类社会等，同时也存在于无生命的无机界中，比如自然界、机器和建筑物等。它可以反映物质的特征和运动状态，也可以表达人类的大脑思维和心理状态，可以是现场直播的电视信号，也可以是埋藏于千百年前的出土文物。信息是无处不在的。

2. 客观性

信息的客观性指的是信息虽然没有可被感知的实际存在形式，但它确实可以为信息接收者所接受和理解，并能对其产生反作用。它独立于人的主观意识之外，不以人的主观意志为转移，这是因为世界是物质的，物质世界时刻处于运动中，其运动的客观性决定了信息的客观性，而人的主观思维产生的信息也是以客观世界为前提，因而也是客观的。

3. 依附性

由于信息没有具体的物质形式，是稍纵即逝的，它只有依附于一定的物质载体才能存在下来。因而我们平时熟悉的书本、计算机等都不是信息，只是信息的载体。我们首先接触到的是这些载体，继而才去感知载体上承载的信息内容。这就说明信息具有依附性的特点。

4. 可塑性

信息的可塑性指的是信息可以被接受、被加工处理，也可以在不同载体间进行转换。人们可以通过各种感知器官接触和识别信息，并作出是否接受的决定，继而可以将感知后的信息加工处理成自己所需要的形式，比如可以将一篇中文文章翻译成其他语言，或者将一首歌曲录入磁带或将纸上的文字内容输入网络等。

5. 可伪性

正因为信息的可塑性，信息同时又具有一定的可伪性。对信息的感知、接受和使用取决于传播载体的质量与信息接受者自身的信息素养。任何信息噪音的影响都会导致信息传播意义的偏差，接受者最终接受到的信息内容就已不再是源信息所具有的内容，即产生了信息差，而这就是信息的可伪性。

6. 共享性

信息的共享性指的是信息可以通过不同的传播载体在不同的人群间传播，而且

信息在传播的过程中不会消失，谁拥有了相应的信息载体，谁就拥有了该信息内容。排除信息传播过程中所出现的传播障碍和传播隔阂，信息的发出者和接收者就可共享同一信息内容，并对其拥有最基本的应用权利。

7. 价值性

信息具有一定的意义，这就决定了其具有潜在的使用价值，特定内容的信息能够满足人类特定的需求。然而，信息使用价值的实现取决于不同的信息使用者。同一信息内容，由于不同使用者自身的素质、修养、能力、对信息的需求以及所处环境的不同，会产生不同的使用效果。例如每年高考填报入学志愿的时候，大量的高校信息对应届考生来说具有很高的参考价值，然而对于同期的初中生来说就显得关系不大了。

二、电视的信息传播特点和影响

（一）电视的信息传播特点

1. 传播迅速、覆盖广泛

电视信号的发送、接收和传播的整个过程都是在极短的时间内完成的，信息传播的同时也就是信息接收的过程，及至同步卫星技术的运用，电视已可以在重大事件或突发事件发生的同时以现场直播的形式将信息传递给观众，进一步实现了信息的实时传播，可以说，在网络媒体出现之前，电视是传播速度最快的媒体。同样是借助卫星技术等先进的传播技术，电视传播打破了空间和疆界的限制，实现全球性覆盖，继而也在不断改变电视传播者的传播观念和传播行为，尝试从更广大的区域甚至全球的角度考虑传播的内容和效果，以及整个产业格局的升级。

2. 声画兼备、立体传播

声画并茂、视听兼备的全方位立体传播是电视媒体最为根本的特点，也曾是其得天独厚的优势。"根据科学家的研究，人对外界的感觉，60%来自于视觉，视觉在我们的感官中是最重要的……眼耳并用，便在人脑中记录下了事物的最基本的特征。从记忆的效果来看，听到的信息能记住20%，看到的信息能记住30%，边听边看能记住 50%。"① 另外，电视声音与画面形象是同步的，这一方式和运动状态，决定了其信息结构不是线性的，而是一种立体的传播结构，其中，不同的物质之间会产生相互作用，继而产生更加强大的力量。电视通过对若干信息的综合立体地传播，为人们对事物的分析和判断提供最直接的依据，能够产生更好的传播效果。

3. 内容丰富、收视被动

现在，电视仍旧是我们生活中接触最多的媒体，它不仅为我们提供了丰富的精神享受，也为我们提供了与日常生活息息相关的各种信息，如新闻、文娱等内容。电视传播的内容日益丰富，涉及生活的方方面面，而且随着大众传播正向分众传播转型，各种专业电视台和专业电视频道纷纷涌现，节目形态日益多样化，新闻节目现场感日益增强，电视媒体与观众的互动形式也越来越多，观众的选择也随之增多。同时，由于电视的线性传播，缺乏实时的双向交流，使得观众接受节目始终处于被动地位，往往只能根据电视的节目编排来观看。因而，电视在进行声画交流时，应认真考虑传播对象的经验范围，才能使传播顺利进行，并获得良好的传播效果。

（二）电视的信息传播影响

1. 对政治的影响

在信息时代，政治的运作和发展离不开媒体的传播，电视的信息传播尤为重要。"占社会统治地位的政党或组织，都不会放弃利用电视提出鲜明的政治观点，阐明正确的政治主张，表达政治立场。"② 电视成为连接统治阶级或政治组织和普通民众的纽带，电视通过对相关政治事件和社会新闻的报道与传播，营造和引导舆论，激发民众参与政治的热情，为民众表达政治诉求提供途径，进一步推进社会民主和法治进程。例如每年我国"两会"期间，电视媒体的报道就发挥了重要的作用。

---

① 吴玉玲. 广播电视概论. 北京：中国传媒大学出版社，2007. 96.
② 胡申生. 当代电视社会学. 上海：上海大学出版社，2006. 46.

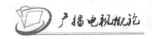

2. 对经济的影响

全球经济一体化的进程日益加速，信息传播带来的经济利益十分可观。"以知识信息为最终动力创造财富的全新经济体系正在形成，作为传播这些知识信息的有力工具的电视，也就自然地成为争夺和创造财富点的重要武器。"[①] 因而，即使是商家用以制造强大的舆论攻势、树立良好舆论形象的传统广告，在策略与形式上不断推陈出新，如与相关电视栏目或影视剧相结合的植入性广告，它巧妙地开展商业宣传，赢得了可观的经济收益。另外，互联网、电信业的扩展和电视互动节目的增多，以及手机短信息业务的开发，使观众互动环节成为电视信息传播中心的经济增长点，继而拉动了一系列相关的衍生产品和服务的发展，这尤以近年来各地出现的电视真人秀节目最为明显。

3. 对文化的影响

大众媒体的信息传播一直肩负着传承文化的重任，其中，电视媒体对主流文化的传播和多元文化的融合更是发挥了重要的作用。电视传播的独特优势使不同国家、不同地域的文化交流变得更加容易和频繁，因而人们对通过电视媒体进行文化侵略和形成霸权文化表示担忧。许多国家都清醒地认识到，美国等媒体大国都正不断通过电视荧屏的传播将其文化观念、生活方式等潜移默化地植入人们的脑海。正如目前在青年人群体中，大部分人对日韩的影视剧或音乐都极为追捧，并模仿其中的行为方式，形成类似的想法态度等，"哈韩族"、"哈日族"应运而生。这也是电视传播对文化的形成和塑造产生影响的最为典型的例子。

三、电视传播的信息污染

改革开放 30 多年以来，我国的市场经济快速发展，政治、经济、文化、社会等各个领域都发生了翻天覆地的改变，欣喜于所取得成绩的同时，我们更应清楚地认识到目前处于转型期的中国仍旧存在许多矛盾和困惑，加之全球政治、经济日益

---

① 胡申生. 当代电视社会学. 上海：上海大学出版社，2006. 47.

一体化，媒体强国的信息输出优势，传媒领域虽然进行了许多变革，但依然出现不少令人担忧的问题，信息污染就是其中非常突出的一方面。"信息污染是指媒介信息中混入了有害性、有毒性、欺骗性、误导性信息元素，或者媒介信息中含有的有毒、有害的信息元素超过传播标准或道德底线，对传播生态、信息资源以及人类身心健康造成破坏、损害或其他不良影响。从更深层次讲，信息污染也是对有利、有用信息传播、接受、处理和使用的干扰，直接影响有利、有用信息传播的速度与效率，增加人们对信息筛选、判断、甄别的难度，从而也降低了准确使用有利、有用信息的效果。"① 其中，电视传播的信息污染尤为引人注目，也更发人深省。

电视媒体的信息污染主要表现在以下两个方面：

（一）电视节目中暴力、色情内容肆虐，社会新闻报道追求猎奇性和耸动性

现在的电视业竞争日渐激烈，不少电视媒体为了争取收视率，力求迎合受众的"低级趣味"和"庸俗心理"，极力兜售色情、暴力等内容，导致现实社会中的暴力和犯罪事件不断上升，同时污染社会环境和受众视听，导致文化沉沦，这尤以电视播出的影视剧最为明显。这一现象对青少年和儿童产生了恶劣影响，加之我国的家长媒介素养水平普遍欠缺，无法对青少年和儿童进行有益的引导与监管，长此以往，这些有害信息势必会对下一代的成长产生许多负面的影响。另外，部分电视媒体为了满足受众的窥私欲和猎奇心理，大量报道带有负面信息的社会事件，像第三者插足、明星婚变、大款纳妾、离奇情杀等新闻屡见不鲜，混沌社会风气。对社会阴暗面的过分关注和不当渲染也容易让受众对社会失去信心，不利于主流文化思想的弘扬与和谐社会的构建。

（二）电视节目中虚假、伪劣性信息泛滥

在电视传播中，虚假、伪劣信息具有欺骗性和误导性，是影响最坏的、受众意见最大的信息污染。在电视媒体的商业信息和广告传播中，商家为达到赢利的目的，利用信息不对称、不透明和一些消费者不易确证的情况，伪造商品属性，夸大

---

① 邵培仁. 论大众传播中的信息污染及其治理. http://www.zjol.com.cn/05cjr/system/2007/10/06/008856177.shtml.

商品功能，通过电视媒体假以各种夸张语言，再结合电视各种声画特效向消费者强力推销相关产品和服务，继而误导和蒙骗收看电视广告的消费者。这一情况在现在的电视购物频道或者购物广告中十分严重。除了在广告信息中会出现虚假、伪劣性信息，电视新闻的传播也出现这一令人担忧的问题。某些电视媒体的新闻传播行为趋向功利化和商业化，"炒新闻、买新闻、策划新闻、变相制造新闻已成了提高发行量和收视率的惯用绝招，卖版面、卖时段、搞广告新闻和有偿新闻也是时下提高经济效益的通常做法，而这些正是产生虚假、伪劣信息的直接原因"①。这种情况还与新闻从业人员的法律观念、道德修养和职业操守相关。新闻工作者或新闻节目制作者对新闻事件进行报道时，不客观公正，报喜不报忧，只讲一面之词，甚至因利益关系为恶势力公开辩护，扮演媒体法官的角色等都会给观众的理解和认识造成误导，这也是传递虚假、伪劣信息的表现之一。

电视媒体的信息污染问题不仅引起了学界的关注，各国政府和媒体监管组织也纷纷采取应对的措施，而作为电视媒体更应重新认清自身的社会责任，反省信息污染问题的根源，重塑自身形象。在信息传播的过程中，电视媒体要坚守公共精神、恪守社会公器，确立科学的、平等的信息多样化传播思想，扎根本土文化，弘扬优秀的世界文化，形成既具中国特色又具全球视野的传播文化。

第二节　电视媒体与受众

一、受众概述

（一）什么是受众

受众指的是信息传播的接收者，包括报刊和书籍的读者、广播的听众、电影电

---

① 邵培仁. 论大众传播中的信息污染及其治理. http://www.zjol.com.cn/05cjr/system/2007/10/06/008856177.shtml.

视的观众、网民。受众从宏观上来看是一个巨大的集合体，从微观上来看又体现为具有丰富的社会多样性的人。丹尼斯·麦奎尔认为，受众是社会环境和特定媒介供应模式的产物。两者常常相伴而生，如影随形，就像任何一家传媒都有自己的定位，要针对某一群体或某一地区的居民一样。[①] 约翰·菲克斯则更愿意把受众理解为大众（Mass），"Mass"一词在英文中含有"乌合之众"的意思，属贬义，即他们是一群捉摸不定、被动、反复无常，且毫无理性的人。

（二）什么是电视受众

电视受众属于受众群体中的一类，当人们收看电视节目时，无论他们是独自欣赏或是与他人共赏，他们就成了受众。当然，电视受众同时也可能是其他媒体的受众，他们可能是报纸的读者、广播的听众、互联网的网民、手机媒体的使用者等，很显然，不同媒介的受众是可以重合的。

二、电视受众的构成和特点

（一）电视受众的构成

关于电视受众的构成往往可以从几个维度来划分：

1. 年龄层次

按年龄层次来划分电视受众，可以分为儿童、青少年、青年人、中年人、老年人。

2. 地域

按照地域可以分为城市受众、城镇受众和农村受众。

3. 教育程度

按照教育程度的不同，可以将电视受众分为高学历受众和中低学历受众。本科及以上学历的受众属于高学历受众的层级，大专、高中、初中、小学文化程度和文

---

① ［英］丹尼斯·麦奎尔. 受众分析. 刘燕男，李颖，杨振荣译. 北京：中国人民大学出版社，2009.

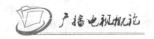

盲半文盲则归属于中低学历层次。

4. 收入水平

受众因年龄、文化水平、地域等的差异，其收入不尽相同，按照这个维度可以大致分成高收入水平、中等收入水平、低收入水平、无收入四个阶层。

5. 综合维度

吴红雨在《解读电视受众：多元化需求与大众化电视》一书中，根据陆学艺的十大阶层理论，再综合了一些其他社会学家的观点，并根据各个阶层的大致情况，以财富（收入）为基础，参照权利、声望因素，将电视受众划分为以下四个阶层[①]：

（1）精英阶层——政府高级官员、国家银行及其他国有事业单位负责人、国有大型企业或大型股份公司经理、大中型民营企业主等，他们数量很小，但对社会影响很大。

（2）中产阶层——又可细分为中上层和中下层，中上层人员有高级知识分子、中高层干部、中型企业经理、中小民营企业主等。中下层人员包括一般的专业技术人员、一般机关干部等。

（3）一般阶层——主要指一般的劳动阶层，如个体经营者、商业服务业员工等。

（4）渐进阶层——主要指城乡贫困人口，如农村无地、无业者和失业人员等。

这几个分类的维度不是单一的，而是相互影响的，例如受众所处地域的发展程度对其文化水平和收入水平具有影响，文化素质的高低也可能影响收入的多寡。单一的受众个体可以在每种维度的分层里找到自己对应的层级。无论从哪个维度来说，不同阶层的电视受众在收视需求、收视习惯、收视心理等方面均存在较大差异，同时，处于相同阶层的不同受众个体在这些方面同样存在差异。

（二）电视受众的特点

电视受众具有和其他媒介受众相同的一些特点：①规模的巨大性，在人数上超

① 吴红雨. 解读电视受众：多元化需求与大众化电视. 杭州：浙江大学出版社，2009. 87～88.

过大部分社会群体；②分散性，广泛分布于社会各个阶层；③异质性，即具有不同的社会属性。受众虽然是大众传播媒介影响的对象，但对传播过程起着重要的制约作用。受众的需求，受众对媒介信息内容的选择性接触活动等，都对大众传播的效果有着重要的影响。

电视受众的独特特点：

1. 参与度深浅不一

由于电视媒介的一些特点不同于其他媒介，使得电视受众有异于其他媒介受众，具有一些相对独特的特点。传播学者麦克卢汉依据媒介提供信息的清晰度或明确度、信息接受者想象力的发挥程度及信息接收活动中的参与程度，将媒介划分为冷媒介与热媒介。麦克卢汉认为广播和电影属于热媒介，电话和电视属于冷媒介。热媒介意味着"高清晰度"，所提供的信息明确度高，能"高清晰度"地延伸人体的某一感觉器官，其传播对象在信息的接受过程中参与程度低，想象力发挥程度低。冷媒介意味着"低清晰度"，所提供的信息明确度低，其传播对象在信息的接受过程中需要发挥丰富的想象，参与程度高。与看电影时一心一意地深入参与并融入思考不同，看电视时观众可以听音乐、做家务甚至聊天。另外，电视播放的环境可以是开放的、有干扰的环境，人们甚至可以把电视节目当作背景声音去干别的事情。从这些方面来看，因环境而异、因人而异，电视受众的参与度深浅不一；与热媒介相比，电视受众的参与度明显要低一些。

2. 收看的随意性

电视收视具有无计划性和无目的性。[①] 当人们购买一份报纸或杂志时，往往因为被其吸引而购买，阅读的目的性强。观看电视则不同，受众有时候是为了打发无聊的时间，有时候是漫无目的地搜寻着节目。与男性相比，女性收视的随意性更强。

3. 娱乐性

获取信息和娱乐是观众观看电视的两大目的。放松身心、打发时间、获得乐趣无疑是电视观众的重要需求。电视剧、肥皂剧、综艺娱乐节目占据了电视节目的大

---

① 吴红雨. 解读电视受众：多元化需求与大众化电视. 杭州：浙江大学出版社，2009. 32.

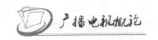

半。与此相对，如今新闻娱乐化，某些节目媚俗化即是为了迎合观众的这部分需求。

三、电视媒体的传播者与受众

（一）传播效果理论的发展

1.“魔弹论”

20 世纪 20 年代至 40 年代“魔弹论”盛行。该理论认为软弱的受众像射击场的靶子，无法抗拒子弹的射击。受众消极被动地等待和接受媒介所灌输的各种思想、感情、知识或动机。大众传媒有着不可抗拒的巨大力量，受众对大众传媒的信息产生大致相同的反应。“魔弹论”忽视了时空、环境等因素对传播效果的影响，忽视了受众的个体差异以及在选择和接受信息时的能动性，忽视了受众所处群体的规范和压力作用，忽视了媒介本体特征对效果差异的作用。

2.有限效果论

20 世纪 40 年代初至 60 年代末，有限效果论压倒了“魔弹论”，它认为传播活动是传授互动的过程，受众是具有不同特点的个体，不是应声而倒的靶子。大众媒介的效果由于媒介性质及其在社会中的地位而大受影响。媒介不是影响受众的直接和唯一因素。大众媒介透过许多中介，在其他多种格局影响下发生作用，对受众的影响是有限度的。态度劝服理论、两级传播论是该理论的代表。

3.适度效果论

适度效果论盛行于 20 世纪 60 年代至 80 年代，该理论认为大众传播对于受众虽然没有“魔弹论”所认为的那样具有直接的、立竿见影的效果，但是也不像有限效果论说的那么不堪，它是具有一定影响的，但这种影响应该从受众这个角度来衡量，并且从长期效果来衡量。代表性研究有使用与满足理论、创新与扩散理论、议程设置理论、教养理论、知识沟假说等。

4.强大效果理论

20 世纪 80 年代后重新兴起的强大效果理论，重新强调大众传播有巨大的效果。

但是与"魔弹论"不同，强大效果论强调的效果不是简单的、直接的，而是复杂的、间接的；不是短期的、立竿见影的，而是长期的、潜移默化的；不是微观的、个体的，而是宏观的、社会的。代表性研究有沉默的螺旋假说等。

从"魔弹论"到有限效果论，都没有摆脱"传者中心论"，认为传播者是传播的主体。在适度效果论的阶段，使用与满足理论与议程设置理论较为完整地解释和揭示了传播的整个过程，是媒介角度和受众角度的最佳结合与补充。其中，使用满足理论也是试图最直接研究受众主动的唯一一个理论领域。从这个阶段开始，受众的主动性和主体性开始被重视。到现在，媒介普遍承认传播中有两个主体，即传播主体与受传主体，传播主体——传播者和受传主体——受众二者之间的关系则在社会发展的大背景下和媒介的发展中不断协调、变化。

总的来说，电视媒体的传播者和受众的地位以及二者的关系与整个大众传播历史的发展显然是密切相关的。

（二）传播者与受众关系

电视的传播者包括电视制片人、导演、编辑、记者以及其他从事电视节目制作和管理的人员。传播者受制于市场环境和一系列的法规以及文化习俗。以市场来说，商业电视台的传播者必须考虑收视率和广告效益，这让传播者通过制作满足受众的内容来维持自身的生存。电视观众"受播"能力的提高，不单单有助于落实其媒介使用和信息消费权利，而且可以制衡电视传播活动。电视新闻传播受众观念的确立，使电视传播活动在传受双方的共同需求作用下，发生了巨大的变化。受众的选择，开始越来越多地影响到电视新闻的内容取舍；受众的自主性，也驱使电视从业者为其真正深入、广泛地参与到新闻传播活动中提供更多的机会。[①] 传播者对受众的过分满足也带来了一些负面的问题。一些电视节目的制作者把经济效益和收视率放在第一位，不惜以低俗化的节目迎合一部分受众，丧失了媒体的公信力和媒体从业者的职业操守。

传播者也是传播内容的"把关人"。他们在国家法律的框架内，对传播的内容

---

① 陆晔. 论双向交流与电视传受双方的角色定位. 现代传播，1995（1）.

进行把关，以达到符合社会效益和经济利益的目的。丹尼斯·麦奎尔认为，有一些把关人的角色，与参与和表达手中的利益及要求有关。把关人能够为生产者与消费者关系中的任何一方服务，也常常同时服务于双方。例如在新闻媒体中，编辑们的任务之一就是按照为已知受众确立的相关标准来选择和发布新闻。① 对于公共电视台来说，由于其资金主要来自向所有受众成员征收的款项，因而被认为应该通过民主政治程序来对公众负责，② 传播者受到的市场压力很小。例如在传统的欧洲公共广播机构中，如BBC，传播者被要求"树立高尚的目标"，不论受众是否会报以关注，都要坚持诚实正直的标准和文化品质（Burns，1969）。③ 他们基本上都秉持着追求收视率之上的更高信念。

① ［英］丹尼斯·麦奎尔. 受众分析. 刘燕男，李颖，杨振荣译. 北京：中国人民大学出版社，2009．137.

② ［英］丹尼斯·麦奎尔. 受众分析. 刘燕男，李颖，杨振荣译. 北京：中国人民大学出版社，2009．152.

③ ［英］丹尼斯·麦奎尔. 受众分析. 刘燕男，李颖，杨振荣译. 北京：中国人民大学出版社，2009．142.

第八章　广播电视发展展望

一、广播电视现状

广播电视产业融合即以往的竞争对手现在相互联合，对于广播电视的发展是大有裨益的。以往的无线广播都是通过屋顶的天线将节目送到千家万户，有线电视由以往的被边缘化发展到现在的有线系统，而后数字卫星系统的出现对有线电视和无线电视带来巨大冲击。媒介的合并主要是由传媒产业的特性决定的，传媒产业生产和发行的成本高度固定、被顾客拒绝的风险以及静态的收入都是其主要特征。现在国家提出企业化管理，如果缺乏了政府这把保护伞，我国传媒只有依仗超级大的公司来支撑，才能有经济实力和势力将风险降到最低；只有传媒产业融合才能进行高投入，进而得到高回报。广播电视产业与新媒体合并，以及三网融合等不同行业的联合使数字时代广播电视产业融合成为必然。

（一）受众需求

广播电视技术与数字技术的融合将会改变广播电视的生存状况，同时对受众的收视习惯也会带来史无前例的影响。广播的数字时代会促使数字音频广播、数字多媒体广播、数字移动多媒体广播以及有线数字广播等数字化广播的到来。2005 年，日本和韩国联合发射以广播方式为两国手机终端用户提供音频与视频业务服务的卫星，同时博客、播客、网络、手机业务平台都已经得到开发并投入使用。将手机拍摄的录音、录像等各种片段以广播的形式传送，已成为广播另一种业务模式。

同时，电视的数字化带来的是电视信号采集设备、演播系统、播出储存系统、信号手机系统等全面的数字化。无论是广播还是电视的受众都在发生着无形的变化。城市化、工业化进程的加快，使社会的各个阶层都正在发生结构性变化，中产阶级逐渐壮大并对社会的进程和发展起到举足轻重的作用。他们的生活趋于多样化，有更多的休闲娱乐时间和一定的经济基础，他们的消费能力和社会影响力将影响着广播电视传媒的服务对象的转变。大众传播不再仅仅是政府的喉舌，服务的重心将有所偏移。

在数字时代，产业融合的关键所在是传输获胜还是内容获胜的问题，抑或是二者混合作用最后取得胜利。无论哪种方式都是对用户的争夺战。传送获胜即是电信买断所有进入家庭的信息通道。如果是内容获胜就是众多的节目制作单位和企业形成一条龙的整合传送系统，为满足观众在不同串口提供传送的选择。此种情况下就会形成一种立体的陆地、卫星、光缆、光纤、无线电等传送方式。无论哪种融合，最终都是为了满足受众的收视和收听的需要。而产业融合的过程中也会对受众的收视和收听习惯产生影响。人们的习惯与技术的发展是相互依存、相互影响的。

数字技术内容的多样化、服务的个性化、互动性，都让受众感受到需求所在并愿意付费看电视，这种形式的数字电视既能够满足受众的时间安排和互动的需求，同时也可以开展其他的信息服务，例如电视购物、电视银行、电视电话会议等服务。数字化的服务是多元的，业务空间无孔不入，可以为受众带来更多、更贴心的服务，这样的技术会给中国的传媒业带来更多的收入和更广的发展空间，它可以延伸至人们生活的各个角落。

（二）广播电视自身发展

数字时代的到来为广播电视行业带来前所未有的挑战和发展的契机。数字时代的媒介竞争必然面临的就是广播电视的数字化，数字广播、数字电视应运而生，因新技术的出现就需要再次确立经营方向。借助技术的发展革新使广播电视系统再次步入调整期，调配各种资源使之良性运转是首先要解决的问题。从广播电视系统内部的各个环节到整体外貌的变更，数字化都是作为一种"催化剂"的形象出现。数字化不仅促进了广播电视产业的发展，同时对产业融合也起到了有目共睹的重要作用。同时数字化也作为一种发展趋势成为共同关注的话题。

我国广播电视发展起步较晚，但由于全球化速度加快，我国广播电视的发展速度也在加快，在经历种种变革特别是加入 WTO 以后，广播电视正在进行自身的内部调整，产业化进程不断加快。中国的广播电视开始注重利润的增长，寻求新的收入来源，增加经营突破口。故不再局限于以往的以广告和节目为主的经营结构，不断探索新的利润诉求点。数字化改革已由内部技术向外部管理模式悄然渗透。

在竞争如此激烈的市场环境下，媒体如果不能调整自身的经营，提升抗风险能力，是很难生存的。中国的媒体与国外大部分媒体有所不同，有政策的保护。但在市场经济环境下，如果不能适时调整，就很容易被其他诸如电信这样的大型国有企业占据大部分江山。

我国广播电视产业面临的主要问题都需要通过媒介产业融合来解决。原因是：①体制滞后。政事合一的管理模式，对市场经济的反应是相对迟缓的，电视开始实行产业转型、进行企业化管理就是适应市场的调整。但这种调整并不彻底，对广播电视产业的控制相对过紧，所以广播电视产业的兼并联合还存在一定障碍，还需要进一步深化改革。②我国广播电视事业规模较小，如果没有政府的保护很难抵御风险。只有进行产业融合，增强抗风险能力，才能使广播电视行业更好更快发展。③我国广播电视产业的赢利模式过于单一，产业融合能够促进广播电视产业的健康发展并使其经济来源多元化。只有来源种类和数量都比较多，才能保证有更稳定的收入和更丰硕的收益。我国广播电视产业的收入与美国有线电视产业的收入无法相提并论。中央电视台广告收入占总收入比重的90%，而美国有线电视产业的广告收入只占总收入比重的30%，其66%的收入来自付费收入。付费收入比较稳定，抗风险能力就比较强，不会受到经济波动或者广告商变故的影响。

数字化变革是广播电视产业的契机，为广播电视产业提供了多种经营方式，广播电视媒介技术的数字化程度决定着其在未来竞争中的核心竞争力。数字技术也为媒介产业融合提供了技术支持和更多合作的可能。数字技术是广播电视行业提高利润收益、调整内部结构的技术基础和保障。广播电视的改革和深化无非是广播电视节目和广播电视经营两方面的变革，而这种内部发展和外部施压的最终落脚点必定会导致广播电视行业的数字化发展。数字电视是广播电视媒介拓展主营业务空间的重要突破口，故数字电视很快遍及全国各中小城市，但偏远地区尚未覆盖。为应对更多、更激烈的竞争，数字化变革必然要渗透到广播电视行业的各个角落。

无论是技术层面还是经营层面，数字技术都为广播电视媒介的发展提供更多的契机，同时数字化也会给竞争行业带来更多的利润，这就导致多行业出现产业融合的发展趋势。这次"数字化风暴"的大浪淘沙，谁是勇者我们拭目以待。

二、广播电视产业发展

随着科学技术的不断创新，全球化与信息化成为本世纪的重要特征。广播电视产业的融合是应对市场竞争的重要手段，对广播和电视的影响都是不言而喻的。广播方面在产业规模不断变化，制度设置等方面存在不足的情况下，如何在产业化道路上摆脱困境，成功实现角色转换呢？抓住数字化的奇迹，找到切合实情的发展道路是至关重要的。对于电视而言，在由以往的事业单位向企业单位转换的过程中，需要作出一系列的调整和尝试，使产业迅速发展。要进行体制创新和关注新媒体的发展，因为它们对电视的影响较大。同时赢利模式单一、前期基础薄弱和广播电视规模较小、同质化严重等问题也是需要在产业融合过程中进行调整和解决的。

当下，广播电视正加速推进"整转"、"双向网络改造"及"一省一网"整合，同时加快新一代广播电视网的发展。对于广播电视网络运营商而言，三网融合究竟是困境还是机遇？广播电视的产业融合之旅是否能够走好，主要看以下几个因素：①广播电视及电信双方能否站在一个全局和长远的立场上审视三网融合的战略意义；②主导融合的政策决策层能否制定一套公平、公正、规范的政策，构建良好的竞争环境；③是否能扬长避短，在参与市场竞争的同时积极寻求多方合作，走好竞合发展的道路；④广播电视是否能够正确面对自身的不足，以三网融合为契机，加速改革，在创建全国性运营主体的基础上注重自身内部打造，缩小某些领域特别是软实力方面与欧美国家的差距，成为综合信息服务市场的新生力量。

广播电视应充分发挥自身优势，实现用户从以往的"看电视"到"用电视"的实质性转变，广播电视在三网融合时代必将有所作为；广播电视除了实现体制机制的改革创新以外，还要实现在基础设施上的全区范围内的一张网。创建整个区域的有线数字电视技术的全新体系，完成有线电视数字化转换，全面推进双向网络覆盖，打造一张功能多样的，能够实现全区范围内互联互通，承载全程、全网业务的数字化网络。我国各地方都在大力进行，同时不断加强农村网络建设，开拓新的赢利点；另外也在增加合作模式，最大限度地利用现有资源以促进自身的发展。

三、未来发展趋势

（一）广播电视全球化发展

随着经济的发展和整个社会的大融合，广播电视传播的全球化不可避免。人们对"地球村"生活的感触越来越深，可以同步接触和关注世界其他地区发生的事件。使用卫星技术传输信号，节目覆盖范围越来越广，想要赢得竞争必将被卷入全球化的风暴当中。媒介全球化对广播电视提出了新的挑战。

1. 全球化带来的是广播电视经营的全球化

这不仅是人力资源、物质资源的国际化聚集和流动，同时也是媒介产品的全球化流动，包括新闻、信息、文化、娱乐等，节目供应链同时也会打破原有的地域和国界，走向其他地区和国家。其中出现的传媒巨头默多克、迪斯尼等都将自身的业务触角伸向世界各个角落。

2. 广播电视经营地点的全球化

媒介集团的跨国经营，在世界范围内生产产品并进行流通。它们将整个世界看成是自己的工作间，根据需要进行生产和销售，这一方面有利于压缩成本，另一方面也可增加利润，降低风险。此外，制作符合当地人欣赏口味的节目，可站稳脚跟，提高整个媒体运作的水平。

3. 全球化将形成强有力的媒介竞争

广播电视行业的跨地区、跨行业发展，稍不留神就会被传媒大鳄吃掉。我国现在还不会出现这样残酷的市场竞争，但是三网融合的到来必将带来一场恶战。广播电视行业虽更多依赖的是市场和广告的支持，但不可放弃社会责任而一味追求商业利润。公共领域和大众服务空间应得到相应的重视，内容不可世俗化，担当起社会和公共话语平台的责任是非常重要的。

（二）广播电视本土化发展

全球化的浪潮似乎掩盖了本土化的光芒，但任何一家广播电视机构或者是传媒巨头，都以其所处的地区为最主要的节目制作方向。例如 CNN 早已实现全球供应体系，但它还是以本国、本地区的新闻为主；日本、韩国影视剧虽风靡亚洲，但最主要的受众群还是在本国和邻国。跨国媒体在他国落脚，他们的制作内容还是以所在国家的文化为主。全球化带动本土化，全球化如果想要被所在地方的受众接受必须走本土化的道路，否则将很难生存。

广播电视本土化即重视本地的实际情况和文化特色，以此作为节目制作的出发点，与当地文化和人们的生活习惯融为一体。迪斯尼曾提出"全球化思维，本土化行动"，默多克信奉"资本全球化，文化本土化"战略，不断在全球范围内创建本土化节目生产基地，结合所在地特有的文化资源，制作出高品质、高附加值的产品。

（三）广播电视数字化发展

数字时代的到来意味着广播电视的数字化发展道路开始。"计算不再只和计算机有关，它将决定我们的生存。"这是美国麻省理工学院教授尼葛洛庞帝于 1995 年在他的科普作品《数字化生存》一书中提到的。数字化对世界广播电视媒体的冲击巨大，甚至对整个行业产生颠覆性的影响。美国计划在 2006 年关闭模拟电视；英国计划在 2010 年关闭模拟电视；日本计划在 2006 年实现全国数字电视覆盖，2011 年关闭模拟电视；我国提出 2003 年全面开展有线数字电视，2005 年使用户达到 3 000 万户，2015 年将关闭模拟电视。数字化革命为我国广播电视事业的发展带来了新的契机，同时也使我们不得不面对突如其来的新挑战。

数字化发展不仅使广播电视技术得到前所未有的发展和改变，同时受众的收视和收听习惯也将随之改变。广播技术和数字技术的融合必将促使数字时代多媒体互动成为潮流。数字技术将打破旧有的一切。

前面提到数字电视将有多方面的变革，这不仅能够丰富节目类型，还能增加新的赢利点。其运营模式也会相应有所变化，形成新的相互依存的产业链，由数字平台运营商、数字技术服务商、机顶盒代理商等参与，经营范围包括硬件、软件和集成各个方面。内容由频道提供，频道、电视台甚至节目制作公司将成为整个平台的核心部分。

（四）广播电视集团化发展

目前，市场竞争日趋激烈，企业规模不断扩大，企业兼并日益频繁，各个行业的巨头（集团）纷纷涌现。媒介集团化发展不仅能够增强媒介的抗风险能力，同时能够调动多方资源，统一服务宗旨，提高服务效率。

我国广播电视集团的组建是以政府为主导的整顿和分割，目前虽没有实现体制上的根本性转变，但一切均在进行中。一方面有线电视台和无线台合并，另一方面进行频道专业化整合，尤其对地方电视台频道进行调整，希望能够尽快实行企业化运营。目前，广播电视集团开始实施"制播分离"、"网台分离"。

同时，媒体作为党和国家喉舌的角色不会因为媒体的集团化与企业化运营而改变，舆论宣传仍摆在首要位置。未来媒介集团化发展的重要任务是网络传输建设，市场运作机制还不成熟，应加快完善。广播电视集团目前急需拓展业务范围，因为中国电信资金雄厚，一旦涉及增值业务，将成为其强有力的对手。广播电视集团目前涉及电信增值业务的条件尚未成熟，中国电信每年比广播电视收入多 3 000 亿，广播电视的发展需要坚强的后盾和灵活的抢占市场的策略。

后　记

广播电视概论是一门专业基础课程，主要研究广播电视媒介产生、发展的规律和广播电视业务知识及工作方法，是学习广播电视相关知识的入门和框架性理论课程。

广播电视概论的教学内容宽泛，涉及广播电视的发展历程、广播电视传播、广播电视节目策划与制作、广播电视节目系统、广播电视制度与运营等领域。在多年的教学过程中，我们不断充实教学内容，改进教学方法，现在借着编写这本教材的机会，把多年的积累进行梳理并与大家分享。

《广播电视概论》在编写中力争体现以下特点：①尽可能使理论与实际相结合，让学生初步了解广播电视的"过去、现在、未来"，为后继的其他专业课程学习打下基础。②紧跟传媒技术的发展，更新教学内容。随广播电视领域新的发展，本教材适当增加了在数字化、网络化技术支撑下的全球广播电视新的发展现状与趋势等内容。我们真诚希望这本教材可以为该整个课程教材体系提供一些有价值的参考，并促使我们能不断拓宽课程教学思路，充实教学内容，改善教学方法。

当然，随着广播电视的发展，教学内容需要不断补充与更新，教材中也肯定有一些需要精雕细琢的地方，我们真诚希望可以得到更多的意见和建议。

本教材的付梓，得到了暨南大学出版社的热心支持和帮助，学院领导和传播系的同事们给了我们许多宝贵意见。此外，在编写过程中也得到了华南师范大学教育信息技术学院研究生的大力支持，他们参与了资料的收集和部分章节的起草工作：谭红云（第一章）、高小平（第二章）、罗静（第三章）、黄林静（第四章）、吴琳（第五章）、钟娴薇（第六章）、蔡健和周静（第七章）、唐小璇（第八章）。汤斐斐、程雪、李玉婷、黄潇等分别承担了第一至八章书稿的前期整理工作。在此，谨向所有关心和支持这部教材出版的人士致以最真挚和热忱的谢意。

黄慕雄　黄碧云
2012 年 8 月